本书为上海市政府决策咨询研究基地工作室研究成果

长三角一体化与上海国际航运中心建设

汪传旭 等 著

管理
MANAGEMENT

Integration of Yangtze River Delta and Construction of
Shanghai International Shipping Center

上海交通大学出版社
SHANGHAI JIAO TONG UNIVERSITY PRESS

内容提要

本书首先分析长三角一体化战略给上海国际航运中心建设带来的机遇与挑战,其次梳理长三角一体化背景下上海国际航运中心建设现状与面临的瓶颈,再次分析境外大河流域航运一体化背景下航运中心建设的主要经验,接着分析上海国际航运中心建设在长三角一体化中的地位和作用,最后总结出长三角一体化背景下上海国际航运中心建设的目标定位与基本路径。

本书可以作为国际物流管理、国际贸易等行业领域的政府部门、企业事业单位管理人员参考用书,也可以作为相关专业本科生、研究生的教辅材料。

图书在版编目(CIP)数据

长三角一体化与上海国际航运中心建设 / 汪传旭等著. —上海:上海交通大学出版社,2021.9
ISBN 978-7-313-25342-2

Ⅰ.①长… Ⅱ.①汪… Ⅲ.①国际航运-航运中心-建设-研究-上海 Ⅳ.①F552.751

中国版本图书馆 CIP 数据核字(2021)第 173521 号

长三角一体化与上海国际航运中心建设
CHANGSANJIAO YITIHUA YU SHANGHAI GUOJI HANGYUN ZHONGXIN JIANSHE
....

著 者:	汪传旭 等			
出版发行:	上海交通大学出版社	地 址:	上海市番禺路 951 号	
邮政编码:	200030	电 话:	021 - 64071208	
印 刷:	上海天地海设计印刷有限公司	经 销:	全国新华书店	
开 本:	710mm×1000mm 1/16	印 张:	10.75	
字 数:	146 千字			
版 次:	2021 年 9 月第 1 版	印 次:	2021 年 9 月第 1 次印刷	
书 号:	ISBN 978 - 7 - 313 - 25342 - 2			
定 价:	69.00 元			

前　言

　　2018 年 11 月 5 日,习近平总书记在首届中国国际进口博览会开幕式上提出:支持长江三角洲区域一体化发展并上升为国家战略,着力落实新发展理念,构建现代化经济体系,推进更高起点的深化改革和更高层次的对外开放,同"一带一路"建设、京津冀协同发展、长江经济带发展、粤港澳大湾区建设相互配合,完善中国改革开放空间布局。长三角一体化战略旨在把长三角建设成为全国发展强劲活跃增长极、高质量发展样板区、率先基本实现现代化引领区、区域一体化发展示范区、新时代改革开放新高地[①]。中共中央、国务院 2019 年 12 月 1 日颁发的《长江三角洲区域一体化发展规划纲要》中指出:推动港航资源整合,优化港口布局,健全一体化发展机制,增强服务全国的能力,形成合理分工、相互协作的世界级港口群[②]。长三角港口群中,2018 年亿吨港口共有 16 个,分别为宁波舟山港、上海港、苏州港、南通港、南京港、泰州港、连云港港、江阴港、镇江港、芜湖港、杭州港、嘉兴内河港、湖州港、马鞍山港、扬州港、铜陵港。上述港口 2018 年货物吞吐量共完成 43.63

[①]　习近平在首届中国国际进口博览会开幕式上的主旨演讲(全文)[OL].新华社,2018-11-5.
[②]　中共中央、国务院印发《长江三角洲区域一体化发展规划纲要》[OL].新华社,2019-12-1.

亿吨,占全国港口货物吞吐量的 32.69%。

长三角港口群作为中国五大港口群中实力最强的一位,其在发展上的协同合作已经具有深厚历史。随着长三角一体化上升为国家战略,长三角港航业发展面临新机遇,将进入协调发展的新阶段,这对上海国际航运中心建设既带来了更大的机遇,又提出了更高的要求。长三角一体化背景下上海国际航运中心建设必须准确把握目标定位和基本路径,需要立足上海、服务长三角和长江流域、面向全球和未来,以打造世界级现代化港口群为载体,着力健全多元化无缝式航运网,着力构建绿色航运发展示范区,着力抢占全球航运资源配置制高点,加快建设具有全球影响力和竞争力的航运枢纽。

在长三角一体化背景下,上海国际航运中心建设需要发挥自身的集聚和辐射效应,加强与长三角城市协同合作,在引领长三角航运发展中推进上海国际航运中心建设。面对上海国际航运中心建设的客观现实、长三角航运一体化发展的未来要求,上海应发挥自身在长三角航运发展中的引领作用和制度优势,推进上海国际航运中心升级发展。

基于上述背景,本书首先分析长三角一体化战略给上海国际航运中心建设带来的机遇与挑战,其次梳理长三角一体化背景下上海国际航运中心建设现状与面临的瓶颈,再次分析境外大河流域航运一体化背景下航运中心建设的主要经验,接着分析上海国际航运中心建设在长三角一体化中的地位和作用,最后总结出长三角一体化背景下上海国际航运中心建设的目标定位与基本路径。

全书共分六章,第一章和第四章由许长延撰写,第二章由郭胜童撰写,第三章由董甘撰写,第五章和第六章由汪传旭撰写。全书由汪传旭修改定稿。

由于时间仓促、水平有限,本书难免存在不妥之处,恳望读者不吝指正,提出宝贵意见。

目　录

第一章

长三角一体化战略给上海国际航运中心
带来的机遇与挑战

2018年11月5日,习近平总书记在首届中国国际进口博览会上宣布,支持长江三角洲区域一体化发展并上升为国家战略,着力落实新发展理念,构建现代化经济体系,推进更高起点的深化改革和更高层次的对外开放。2019年12月1日,中共中央、国务院颁布《长江三角洲区域一体化发展规划纲要》,提出到2025年,长三角一体化发展取得实质性进展,跨界区域、城市乡村等区域板块一体化发展达到较高水平,在科创产业、基础设施、生态环境、公共服务等领域基本实现一体化发展,全面建立一体化发展的体制机制。

上海国际航运中心建设在1996年正式启动,2009年国务院19号文件提出了"2020年基本建成上海国际航运中心"的目标。二十多年来,在交通运输部和上海市委市政府的正确领导下,上海国际航运中心在枢纽能级提升、集疏运体系优化、航运服务功能完善、发展软环境营造方面成果显著(王丹等,2020)。2020年7月11日,在2020年中国航海日论坛上发布的《新华—波罗的海国际航运中心发展指数报告(2020)》显示,上海首次跻身国际航运中心排名前三强,仅次于新加坡和伦敦,这表示上海国际航运中心基本建成世界公认的国际航运中心。上海市委书记李强表示,上海国际航运中心还有更高追求:深化推动航运制度创新,不断放大政策集成效应,打造具有国际竞争力的航运发展软环境。

作为全国唯一定位国际级航运中心的上海国际航运中心应抓住长三角一体化的历史机遇，提升航运业服务能级，深化航运中心区域战略合作，充分发挥上海"一带一路"桥头堡和长江经济带龙头作用，加快推进国际航运中心建设各项政策落实，为进一步提升我国在全球开放合作中的整体竞争力作出更大贡献。

第一节　长三角一体化战略给上海国际航运中心带来的机遇

一、有助于推进区域港口合作，发挥上海国际航运中心龙头带动作用

长三角港口群是中国沿海港口分布最密集、吞吐量最大的港口群。从2018年的数据来看，长三角港口群中亿吨港口共有16个，全年货物吞吐量完成43.63亿吨，占全国港口货物吞吐量的32.69%，如何加强区域港口合作，是长三角港口群下一步发展的重要方向。《长江三角洲区域一体化发展规划纲要》明确提出，要围绕提升国际竞争力，加强沪浙杭州湾港口分工合作，以资本为纽带深化沪浙洋山港开发合作，做大做强上海国际航运中心集装箱枢纽港，加快推进宁波舟山港现代化综合性港口建设。因此，长三角一体化可以推动上海国际航运中心进行港航资源整合，优化港口布局，健全一体化发展机制，形成合理分工、相互协作的世界级港口群。

目前，长三角港口群以市场发展和政府推动为契机，大规模地开展区域港口合作，围绕上海的南北两翼港口群区域逐渐实施一体化发展，呈现以下三方面特点：一是初步建立了协同发展机制，以2018年长三角区域合作办公室成立及《长三角港航一体化发展六大行动方案》发布为重要节点，长三角港口群协同发展步入快速发展期。二是港口资源整合从内部向区域拓展，上海港口集团、浙江省海港集团、江苏省港口集团以及安徽省港口集团先后成立，标志着三省一市内部港口资源整合基本完成。三是港口投资运营协

作日益紧密,浙江方面,宁波港、舟山港合并,组合形成宁波舟山港;江苏方面,苏州港口群将张家港港、太仓港和常熟港整合形成一体化,形成"苏州港"品牌;上海方面,以小洋山北侧开发为代表,三省一市港口(港航)集团均签订了战略合作协议,深化推进港口投资运营合作。如 2019 年 2 月 19 日,上海港与宁波舟山港签署小洋山港区综合开发合作协议,明确了沪浙两地筹划已久的小洋山北侧开发建设合作模式(见表 1-1)。根据协议,浙江省海港集团将以人民币现金增资的方式入股上港集团下属全资子公司上海盛东国际集装箱码头有限公司,入股完成后,上港集团与浙江省海港集团分别持有盛东公司 80% 和 20% 的股权。2020 年 2 月底,宁波舟山港股份有限公司的议案决定,该公司将向上港集团和控股股东宁波舟山港集团非公开发行股份合计不超过 26.35 亿股,募集资金 112.15 亿元。

表 1-1　长三角港航协同发展标志性事件

时间	标 志 性 事 件
1997 年	交通运输部牵头成立上海组合港管委会
2001 年	浙沪首次合作在小洋山南侧建设上海国际航运中心洋山深水港区
2015 年	浙江省海港集团成立
2017 年	江苏省港口集团成立
2018 年	长三角三省一市联合组建了长三角区域合作办公室,交通运输部联合三省一市政府印发了《长三角港航一体化发展六大行动方案》
2019 年	浙江海港集团和上海港务集团以股权合作方式对小洋山进行开发运营,盛东公司为小洋山北侧唯一开发、建设、运营和管理主体

资料来源:根据长三角三省一市主要港口网站信息整理

《长江三角洲区域一体化发展规划纲要》提出进一步发挥上海龙头带动作用,苏浙皖各扬所长,推动城乡区域融合发展和跨界区域合作,提升区域整体竞争力,形成分工合理、优势互补、各具特色的协调发展格局。在长三角港口群中,上海港无疑处在龙头位置。虽然新冠肺炎疫情对上海港生产运行产生一定影响,但上海港表现仍然优异。受疫情影响,2020 年第一季度,上海港集装箱吞吐量同比下降约 10%,但全年上海港集装箱吞吐量总体形势呈现前低后高,下半年屡创新高,全年逆势达到 4 350 万 TEU(见图 1-1)。其中,国际中转完成超 530 万 TEU,同比增长超 14%,水水中转比达到51.6%,同比增长约 3%。上海港 2020 年内贸吞吐量总和突破 600 万 TEU,同比增长约 15%,也刷新了上海港内贸集装箱吞吐量历史纪录。

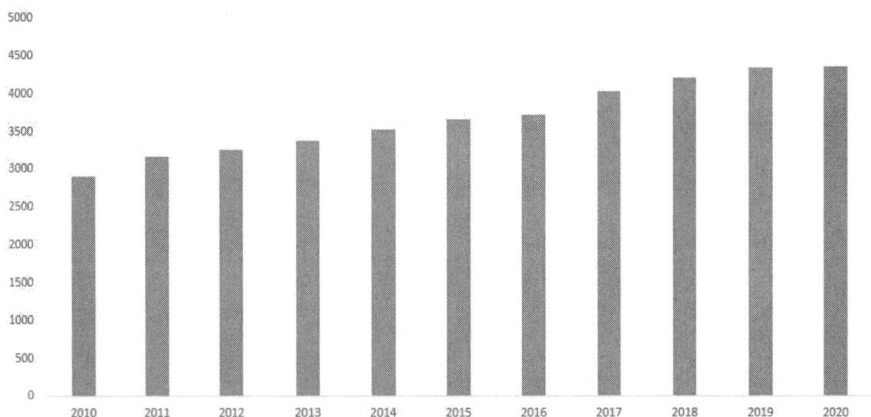

图 1-1 2010 至 2020 上海港集装箱和货物吞吐量(万 TEU)

资料来源:上海国际港务(集团)股份有限公司

相比长三角其他港口,上海港拥有经济腹地和港口区位方面的优势,地理地位突出,在航线数量、覆盖面范围和集装箱航班密度方面都处于国际领先位置,洋山自动化码头的建设投产也让其未来发展更值得瞩目(徐维祥和许言庆,2018)。在更高质量推进长三角地区一体化发展的当下,上海与长三角其他省市之间的关系,不再是简单的中心与外围的等级关系,也不是单纯的接轨和融入上海或者上海辐射周边,而是合作、平行关系,注重协同和衔接,整合资源,不断促进功能布局互动,形成分工合理、优势互补、各具特色的空间格局。对上海国际航运中心而言,长三角一体化可以有效推动上海港与长三角港口的协调发展与优势互补,有效地提高上海国际航运中心对长三角航运资源的配置能力,深化航运制度创新,进一步发挥上海国际航运中心的区域龙头带动作用。

二、有助于构建高效便捷的长三角综合立体交通网络,完善上海集疏运体系

长三角已经具有完善的交通网络,如长三角地区拥有全球密度最高的港口群和机场群,每一万平方公里就有一个机场,公路网、铁路网、内河网建设也处于世界前列。长三角地区已具备成为全球最具竞争力城市群的基础设施潜力,《长江三角洲区域一体化发展规划纲要》提出要实现长三角重大基础设施基本联通,交通干线密度较高,省际高速公路基本贯通,主要城市间高速铁路有效连接,沿海、沿江联动协作的航运体系初步形成,区域机场群体系基本建立。

中央和长三角二省一市不断出台促进长三角交通发展政策。在中央政府方面,2018 年 6 月 1 日,长三角地区主要领导座谈会在上海召开,会议审议并原则同意《长三角地区一体化发展三年行动计划(2018—2020 年)》和《长三角地区合作近期工作要点》,进一步明确了长三角一体化发展中交通建设的任务书、时间表和路线图。2020 年 4 月 29 日,国家发改委与交通运输部联合发布的《长江三角洲地区交通运输更高质量一体化发展规划》进一步细化长三角交通一体化规划,旨在构建以轨道交通为骨干的一体化设施网络——以轨道交通为骨干,公路网络为基础,水运、民航为支撑,以上海、南京、杭州、合肥、苏锡常、宁波等为主要节点,构建对外高效联通、内部有机衔接的多层次综合交通网络。要加快推进长三角地区多式联运特别是铁水联运体系建设,推进重点港区进港铁路规划建设。其中包括,推进上海港外高桥港区装卸线、上海港南港支线、南通港通海港区至通州湾港区铁路专用线二期工程、盐城港大丰港区支线铁路、连云港徐圩港区铁路支线、苏州太

仓港铁路专用线、宁波穿山港铁路等建设,实施南京港龙潭港区、铜陵港江北港区、安庆港长风港区、合肥派河港区等铁路专用线工程建设。

在上海方面,2019 年 7 月 12 日,上海市政府发布《上海市推进海铁联运发展工作方案》,明确要全面实现多式联运年均增长 20%、海铁联运年均增长 10% 的任务目标。2020 年完成 24 万 TEU,同比翻番(其中芦潮港站 20 万 TEU,同比增加 2.5 倍)。远期目标,至 2035 年完成海铁联运箱量 175 万~300 万 TEU,占全港集装箱吞吐量(按 5 000 万~5 500 万 TEU)比重为 3.18%~5.5%,从 2021 年起实现年均增长 10% 以上。上海推进海铁联运发展工作的总体思路是,聚焦芦潮港中心站功能作用发挥和上海港集疏运体系优化,推动公路集装箱中短距离运输向铁路、水运方式转移。2020 年 3 月 10 日,上海市规划和自然资源局公布的《上海市浦东新区国土空间总体规划(2017—2035)》提出,上海市浦东新区将构建“南通方向”的沪通铁路、“杭州方向”的沪乍杭铁路、“湖州方向”的沪苏湖铁路,并研究预留经大洋山至宁波、舟山方向的铁路通道。同时,考虑对港区的服务,规划上海港外高桥港区专用线、芦潮港集装箱中心站专用线、南港码头专用线 3 条专用线。

在浙江方面,相比中国其他城市港口的疏港铁路,位于浙江省的宁波舟山港海铁联运起步较早,发展也相对成熟,其承载的任务除了继续发展外,还需带动长三角区域其他港口协同发展,辐射并带动内陆其他腹地港口多式联运发展。2020 年 1 月 8 日,浙江省委省政府发布的《浙江省推进长江三角洲区域一体化发展行动方案》提出,加快宁波舟山港、嘉兴、温州、台州、浙中多式联运枢纽和海陆联运通道建设,完善区域港口集疏运体系,规划建设北仑、金塘、梅山等重点港区进港铁路,提升海陆联运辐射带动力。在长三角港口协同发展方面,2020 年 1 月,宁波舟山港通过深化与中国铁路上海局集团的合作,首次尝试铁路箱下水出境,在白泉港区设立全国首个海港铁路集装箱无轨站,并加强与船公司合作,在重点区域开拓精品示范线路、开发进出口货源,实现互利共赢。

在江苏方面,2019 年 12 月,太仓港疏港铁路专用线开工建设,项目自沪通铁路太仓港站引出,往东延伸到太仓港区集装箱作业区,正线全长约 13.1 公里,工程总投资 18.12 亿元,建设工期一年半。太仓港疏港铁路专用线的建设,将完善太仓港公铁水集疏运体系,进一步提高运输效率,优化运输结构,降低运输成本,推动太仓港转型升级,更好服务长三角一体化发展。2020 年 4 月 27 日,"扬州东—连云港港"铁水联运班列顺利发班,填补了江苏省内没有海铁联运班列通达连云港海港的空白,该班列从扬州东站出发,通过新长铁路连接陇海线,24 小时内可到达连云港新东方国际货柜码头,实现"一步进港"目标,与连云港港密集的日韩、东南亚等航线形成了无缝衔接格局。

在安徽方面,2020 年 1 月 15 日发布的《安徽省实施长江三角洲区域一体化发展规划纲要行动计划》提出,要加快连接沿江、沿淮主要港口集疏运铁路、公路建设,实现港口与铁路、公路运输衔接互通,推动综合物流枢纽加快形成,开工建设铜陵港江北港区、安庆港长风港区、皖河新港、池州港香隅化工园、合肥派河港区、蚌埠港长淮卫作业区、蚌埠沫河口等铁路专用线工程。

可以看出,在长三角一体化建设进程中,长三角区域围绕多方式衔接、通道一体化布局和内陆腹地拓展,支撑长三角一体化的港口集疏运体系日益成熟。长三角港口集疏运体系建设主要体现在三个方面:一是公铁水高效衔接的港口集疏运通道正加快形成,如上海围绕国际航运中心建设目标,加快构建以水水中转为核心的港口集疏运体系;浙江以宁波舟山港为龙头,聚焦"四港"联动,大力发展江海联运、海铁联运和海河联运;江苏重点依托长江黄金水道,打造立体集疏运网络;安徽以芜湖港、马鞍山港等沿江港口为核心,构建"丨"字形内河集疏运通道,着力提升公铁水一体化衔接水平。二是集疏运腹地范围加快延伸,长三角区域港口内陆腹地已逐步向长江中上游沿线地区辐射延伸,上海港、宁波舟山港等沿海港口作为长江经济带龙头地位更加突出。三是高等级航道网初步成型,目前长三角区域水网密布,内河水运发达,高等级航道网络建设已走在全国前列。

表 1－2　长三角区域省际航道汇总表

省际	省 际 航 道
浙江—上海	4 条:杭申线,杭平申线,长湖申线,湖嘉申线
浙江—江苏	4 条:太浦河、乍嘉苏线、长湖申线、京杭运河
浙江—安徽	1 条:新安江
上海—江苏	6 条:长江干线、太浦河、苏申内港线、苏申外港线、连申线、长湖申线
江苏—安徽	3 条:淮河、芜太运河、芜申线

资料来源:根据长三角三省一市主要港口网站信息整理

　　长三角一体化加快了长三角多式联运和综合交通体系建设步伐,为上海国际航运中心提供了难得的拓展和丰富集疏运体系的历史机遇,有助于上海充分发挥区域内国际深水枢纽港和远洋干线港对国内外支线港、喂给港扇面辐射作用,优化内外贸航线布局,并借助推进长三角区域内多式联运为契机,促进上海与长三角区域内江海联运、海海联运、海铁联运等物流集疏运模式的发展。

三、有助于聚集高端航运服务业,提升上海国际航运中心服务能级

　　2009 年,国务院颁布了《关于推进上海加快发展现代服务业和先进制造业建设国际金融中心和国际航运中心的意见》(国发〔2009〕19 号文),指出上海国际航运中心建设的总体目标是到 2020 年基本建成航运资源高度集聚、航运服务功能健全、航运市场环境优良、现代物流服务高效,具有全球航运资源配置能力的国际航运中心。经过上海国际航运中心的不断建设,上海国际航运中心在服务能级方面取得卓越成果。截至 2019 年底,在高端航运服务业发展方面,众多国际知名机构或者全球性航运企业不约而同地将目光聚焦上海。联合国国际海事组织亚洲海事技术合作中心、亚洲船级社协

会等一批国际性(全国性)航运功能性机构云集上海;全球十大船舶管理机构中的6家、国际船级社协会正式成员中的10家、全球排名前百位班轮公司中的39家、全球排名前五的邮轮企业等都在上海设立了区域总部或分支机构。特别是我国最大也是全球最大的航运企业中国远洋海运集团有限公司将其总部落户在上海,目前其综合运力规模排名世界第一,旗下集装箱船队运力世界第三,能源运输船队运力世界第一,船员管理规模世界第一。上海国际航运中心目前共有包括11家航运保险营运中心在内的57家财产保险公司和3家再保险公司,船货险保费收入的市场份额仅次于伦敦和新加坡位列第三。上海航运交易所在全球首创的集装箱运价指数已经在全球航运界树立了不可替代的影响力,成为世界航运市场的三大指数之一;在美国联邦海事委员会(FMC)运价备案所统计的挂钩协议中,与上海航交所指数挂钩的协议比例占其所接收的挂钩合约的78%,这充分体现了该指数的国际影响力。在海事法律和仲裁方面,上海的海事相关律所及合伙人数量排名全球第四,海事仲裁案件数占全国的71.4%。在本土高端航运服务业快速发展的同时,一大批具有全球影响力的国际性高端航运服务机构不断集聚上海,不断完善航运服务产业链的完整性。

尽管上海国际航运中心建设取得积极成效,但航运软实力仍显不足。对比国际先进航运中心水平,上海国际航运中心存在国际船舶登记注册数量不足、航运定价话语权不强、航运辐射带动效应不佳、对航运高端环节控制力不足和航运发展特色不明等问题,区域知名度和影响力尚不能与伦敦和新加坡等国际航运中心相提并论。在航运功能方面,上海航运业总体上仍以港口依赖型航运产业为主,低端、传统航运功能(如港口装卸、船舶运输、货运代理、船舶代理和集疏运等)占主体,高端、新兴航运服务功能(如航运金融、国际中转集拼、融资租赁、供应链管理、航运交易、船舶管理和航运总部经济等)亟待拓展提升,服务能级较低。

世界著名的国际航运中心都拥有相当数量的航运企业及其相关服务企业,并通过各产业彼此之间的关联形成了产业集群。纵观世界上国际航运中心发展的历程,航运服务业集群对国际航运中心的形成和发展具有多方面积极影响。航运服务业集群,具有地缘上的邻近、企业之间的相互依存和联系、企业之间以及企业与各种机构或组织之间的互动机制,也具有良好的公共基础设施、知识和信息的快速扩散、价值链的相互需求、资源的共享等特性。长三角一体化战略可以加快上海高端航运服务业集群进一步形成,提升上海国际航运中心服务能级,主要体现在两个方面。

其一,长三角一体化战略利于上海国际航运中心在长三角航运功能清晰划分。2018 年 12 月 17 日,交通运输部官网公开发布交通运输部与上海市、江苏省、浙江省、安徽省政府联合印发的《关于协同推进长三角港航一体化发展六大行动方案》提出全面提升现代航运服务能级。支持上海发展高端航运服务业,拓展邮轮产业链,吸引各类国际性、国家级航运组织落户上海,增强宁波、舟山、南京国际航运综合服务功能,对照国际标准,合力补齐高端服务业短板;推动长三角航运咨询机构和高等院校合力打造具有全球影响力的航运智库,提升上海国际航运中心地位。2020 年底前,基本建成具有全球航运资源配置能力的上海国际航运中心,共同形成优势互补、互利共赢的港口、航运、物流和配套服务体系。长三角一体化战略有利于完善上海国际航运中心"一体两翼"格局,推动形成上海国际航运中心、舟山江海联运服务中心和南京长江区域性航运物流中心联动发展的格局,努力实现长三角港航更高质量一体化发展,更好发挥示范引领作用,更好服务交通强国建设和长江经济带发展。

其二,长三角一体化战略利于上海国际航运中心航运功能进一步积聚。随着长三角一体化发展上升为国家战略,相关地区推进交通建设工作进入新阶段,对铁路、公路、航道等交通基础设施互联互通水平提出了更高要求。打破行政区划所带来的交通壁垒,增强省际全域全时互联互通,成为促进长三角区域经济社会一体化发展的重中之重。自皖沪苏浙 2018 年 6 月签订《长三角地区打通省际断头路合作框架协议》以来,一市三省交通部门把交通一体化作为长三角一体化发展的基础和先导,断头路建设取得阶段性成果,交通基础设施互联互通水平显著提高。2020 年 6 月 6 日,上海市交通委员会主任谢峰、江苏省交通运输厅厅长陆永泉、浙江省交通运输厅厅长陈利幸、安徽省交通运输厅厅长章义代表一市三省交通部门签署《长三角地区省际交通互联互通建设合作协议》,共同实施 54 项 2020 年至 2022 年省际互联互通的重大交通项目建设。浙江通过推进 4 条省际铁路、6 条省际高速公路、6 条省际普通公路、4 条省际航道建设,助力加快建成长三角主要城市高铁"1 小时交通圈",以及浙江省域、市域、城区"三个 1 小时交通圈",着力打造一体化、多层次综合立体交通网络。长三角一体化战略利于打破高端航运企业迁移至上海的壁垒,长三角一体化战略将加强区域互联互通,缩短城市交通时间,提高区域合作力度,扩展企业服务范围,便于上海国际航运中心利用产业聚集优势、基础设施优势等吸引高端航运企业,并提高上海国际航运中心高端服务业在长三角的辐射能力,助推长三角区域形成层次分明的航运服务业体系,提升上海国际航运中心服务能级。

四、有助于促进长三角航运人才流动,加快上海国际航运中心人才建设

航运人才是航运业发展第一要素,也是上海国际航运中心建设的关键要素,其集聚水平和配置效率直接关系着上海航运中心的建设和发展。高端航运服务业是人才密集型产业,没有充足的高端航运人才队伍作支撑,上海国际航运中心就无法提供高端的、丰富的、优质的各类航运服务。当前,航运金融、航运保险、航运经纪、航运咨询、海事安全、海事法律、口岸服务、物流服务、船员服务、邮轮码头服务等领域高端人才不足的问题,已成为限制上海国际航运中心建设步伐的瓶颈之一。因此,从某种意义上讲,未来高端航运人才队伍建设的水平,决定着上海国际航运中心建设的质量。长三角一体化战略建设为上海国际航运中心吸引和集聚航运人才提供了更好的条件,主要体现在以下三个方面。

首先,长三角一体化战略将推进长三角新一轮更高层次的航运基础设施建设,使得航运人才需求量大幅增加,同时方便打通航运人才流通壁垒,推动高层次航运人才不断集聚上海国际航运中心。如在 2018 年 3 月 25 日举行的"长三角地区人才交流洽谈会暨 2018 届高校毕业生择业招聘会"上,苏、浙、皖、沪人社厅(局)共同签署了《三省一市人才服务战略合作框架协议》,秉承"优势互补、资源共享、协同聚才、合作双赢"的原则,经充分沟通协商达成共识,总体聚焦"人才服务协同计划""人才流动合作计划""人才发展推动计划"三大行动计划整体推进。其中,"人才服务协同计划"主要包括组织召开长三角地区人才公共服务机构"店小二"服务标准一体化经验交流研讨会等;"人才流动合作计划"主要包括组织长三角地区系列人才交流洽谈活动、组织长三角人力资源产业园区互访交流合作等;"人才发展推动计划"主要包括组织长三角地区博士后创新论坛、组织长三角地区高层次人才创新创业项目宣传、对接和落地推介会等。同日,上海市所属区人才服务中心与苏、浙、皖三省部分地级市人才服务中心签订了《人才服务项目合作协议》,合作各方重点聚焦三个方面的举措,从两个方面推进长三角地区人才一体化发展:一是对接机制明晰化。合作各方在充分沟通协商的基础上,通过书面协议的方式,进一步明确加强区域合作联动的服务机构、规划对接、职责分工等工作机制。二是招聘信息全覆盖。根据长三角地区经济社会发展需求和人才的不同类型,努力促进区域内人才的合理流动,加强数据协同和资源共享,力争实现苏、浙、皖、沪三省一市人才需求信息的互联互通和实时查询。

其次,长三角一体化战略有利于完善长三角航运人才互认机制,推动长三角航运人才合理流动,提高上海国际航运中心人才认证效率。如 2020 年 9 月 22 日,长三角生态绿色一体化发展示范区执委会会同上海、江苏、浙江两省一市人力社保部门联合出台了《长三角生态绿色一体化发展示范区专业技术人才资格和继续教育学时互认暂行办法》,针对示范区专业技术人才,聚焦职业资格、职称和继续教育学时,突出"跨域、互认和共享",完善人才流动机制,打破人才使用壁垒。互认内容主要包括三个方面:一是职业资格互认。沪苏浙根据《国家职业资格目录》自行开展专业技术等级考试,将统一考试大纲、统一合格标准、统一证书样式,证书可在示范区任一省级主管部门作为注册、职业或聘任相应专业技术职务的依据。已在沪苏浙取得的上述职业资格证书,并在发放地注册的,可随所在企业经示范区属地省级主管部门备案后执业。二是职称互认。在示范区工作的专业技术人员,可不受户籍、档案、人事关系的限制,通过现工作单位直接在属地申报职称;调入示范区的专业技术人员,原先在沪苏浙取得的职称证书,符合国家职称评价基本标准的,不需要再复审、复评或确认,由用人单位聘任相应的专业技术职务,符合高一级职称申报条件的,可持原职称证书进行申报。三是继续教育学时互认,沪苏浙跨区域流动到示范区的专业技术人才,已取得的继续教育学时,均可作为考核评价、职称评审、岗位聘用、培养选拔和执业注册的依据。

再次,长三角一体化战略有利于丰富上海国际航运中心航运人才培养土壤。长三角一体化战略为长三角航运发展提供了难得的历史机遇,如长三角航运创新发展联盟于 2019 年 7 月 11 日在上海正式成立,联盟旨在通过贯彻落实长三角区域一体化国家战略,创新合作机制,加快推进航运产业高质量发展。该联盟旨在通过贯彻落实国家战略、建立区域协调机制、发挥港航联动机制、打造优质营商环境等一系列举措,推进长三角港航更高质量一体化发展。联盟发布了四大倡议:一是贯彻落实国家战略,推动区域创新发展;二是建立区域协调机制,打造信息共享平台;三是提升航运产业能级,发挥港航联动机制;四是打造优质营商环境,促进市场有序竞争。长三角一体化战略是多式联运综合运输改革的机遇,不论是船舶海洋工程还是港口建设等都离不开航运人才,从而为上海航运人才发展提供更好的土壤,这为上海国际航运中心的航运人才提供了更广阔的发展空间,有利于建立覆盖整个航运产业链的人才队伍结构,对上海国际航运中心的建设具有显著促进意义。

五、有助于加快推进长三角港航信息一体化发展，助推上海港航信息化建设

上海已经初步实现航运信息技术各类要素资源集聚，在长三角区域港航信息产业优势明显。在港航信息一体化进程中，上海国际航运中心可以有效利用技术优势和市场优势提升长三角港航信息行业标准话语权，聚焦港航信息基础设施建设，加速港航信息产业集聚，努力打造新一代港航信息技术新高地，使得上海口岸综合效能和营商环境赶超国际一流水平。

长三角一体化战略加快推进湾区港航信息一体化发展，助推上海港航信息化建设主要体现在三个方面。第一，长三角一体化战略利于加强长三角信息共享，打破信息壁垒。长三角一体化战略可以增强湾区港航和口岸管理部门的信息沟通及协调交流，形成跨区域和跨部门信息共享，通过适当的途径打破港航领域、口岸间的信息壁垒，建立统一的区域行业标准，提升上海国际航运中心航运信息辐射能力。如 2017 年 10 月 17 日，上海市经济信息化委、江苏省经济信息委、浙江省经济信息化委、安徽省经济信息化委印发的《长三角区域信息化合作"十三五"规划（2016－2020 年）》提出，要显著提升区域产业协同水平，长三角工业云平台、工业大数据平台、工业互联网平台、双创平台基本建成并为企业转型升级、产业精准发展提供重要支撑。基本建成长三角电子商务生态圈信息化协作机制，各示范城市电子商务产业集群基本达到信息互通、互惠互利，长江带各港口基本实现信息资源共享，长三角各城市间初步建成综合货运枢纽和城际货运物流公共仓储分拨中心。《关于协同推进长三角港航一体化发展六大行动方案》提出要推进长三角港航物流公共信息平台建设，依托国家交通运输物流公共信息平台和港航电子数据交换中心，加强电子报文标准的应用，推进多式联运信息交换共享，积极建设大宗散货、集装箱江海联运等公共信息平台。2020 年底前，主要外贸集装箱港口接入东北亚物流信息服务网络，建成舟山江海联运公共信息平台，主要港航企业与国家交通运输物流公共信息平台实现对接。

第二,长三角一体化有利于完善长三角信息技术设施体系,加快上海国际航运中心航运信息化建设步伐。如《长三角区域信息化合作"十三五"规划(2016—2020年)》提出,初步建成长三角共享渗透全面的"云网端"信息基础设施体系,电网、铁路、公路、港口等传统公共基础设施的智能化和集约化水平大幅提升,物联网和云计算基础设施区域完善,大数据对创新社会治理、推动经济转型升级作用显著提升。2020年6月6日,长三角一市三省共同签署《推进长三角数字经济一体化发展战略合作协议》,提出协同构建国际领先的数字基础设施。协同建设技术先进、高速互联、安全可靠的信息通信网络,构建高效协同、智能共享的数据处理体系,布局泛在感知、智能融合的城市神经系统。推进长三角区域全光网络演进升级,加快下一代互联网(IPv6)规模部署和应用,加快推进未来网络研发与建设应用,建立一体化的卫星定位基准服务系统,争取到"十四五"末,建成国际一流的数字基础设施,支撑长三角区域经济社会高质量发展。四是超前部署高标准的"数字新基建"。抢抓产业数字化、数字产业化赋予的机遇,加快谋划建设以5G、工业互联网、物联网、未来网络等为代表的新型网络基础设施,以人工智能、云计算、区块链等为代表的新技术基础设施,以数据中心、智能计算中心为代表的算力基础设施。深度应用互联网、大数据、人工智能等技术,支撑传统基础设施数字化改造,进而形成融合及创新基础设施。共同推动长三角区域成为全国乃至世界"数字新基建"发展和示范应用的先导区。

第三,长三角一体化有利于提升长三角区域口岸通关一体化协同效能,降低区域物流成本。2020年5月14日,长三角五关联合召开长三角海关一体化工作电视电话会议,推动协同机制常态化运作,全面提升长三角海关协同效能。发挥设在上海海关的长三角海关一体化工作办公室作用,定期通报《海关支持长三角区域一体化发展重点举措》推进情况,及时做好督促推进,定期编发长三角海关工作动态,增进各关信息交流共享。上海海关积极发挥牵头作用,建立协同机制,凝聚工作合力,牵头建立《长三角区域直属海关一体协同工作机制》,形成主要领导座谈会、联席会议等运作机制以及问题需求联合调研、改革创新协同合作等工作推进机制。长三角其他港口城市海关也积极做出促进口岸通关一体化举措,如在长三角海关风险信息共享、安全风险联合研判机制基础上,杭州海关充分借鉴浙江省大数据应用方面的经验,进一步推进风险防控大数据应用,实现智能监管、精准监管。南京海关积极开展跨关区合作,探索监管模式创新,持续提升通关便利化水平,完善税收征管机制,推动长三角原产地管理向进出口并重的全链条管理转变,坚持长三角地区国境口岸区域病媒生物联合监测,加强风险联防联控。长三角港航信息一体化可以优化全国通关一体化后异地申报口岸放行的协作,不断提高长三角贸易便利化程度和区域物流效率,优化湾区口岸营商环境,全方位提升航运创新能力,对航运制度进行深度革新,达到国际贸易便利化的要求,推动上海国际航运中心口岸与长三角其他港口口岸协同发展,降低长三角其他港口货物转至上海港的物流成本。

六、有助于完善长三角生态港口一体化建设,推动上海绿色航运发展

随着我国可持续发展理念和绿色发展观念的日益深入,国内对航运业环境保护和污染治理等方面的关注不断升级。《长江三角洲区域一体化发展规划纲要》提出要坚持绿色共保,推进生态环境共保联治,形成绿色低碳的生产生活方式,共同打造绿色发展底色,探索经济发展和生态环境保护相辅相成、相得益彰的新路子,有助于完善长三角生态港口一体化建设。长三角一体化战略为上海绿色航运提供的历史发展机遇,主要有以下三点:

其一,长三角一体化战略有利于全面优化沪苏浙皖在长江流域生态环境保护治理方面的顶层设计,扎实推进沿江化工污染和长江口沿海化工污染同步整治、长江经济带点源污染和面源污染同步控制、化工围江和其他污染围江同步治理、支流入江口和入江支流同步管控,减少上海治理长江、黄浦江污染压力。2019 年 5 月 15 日,上海海事局、浙江海事局、长江海事局、江苏海事局、连云港海事局和东海航海保障中心在上海召开了长三角区域

海事监管一体化研讨会,与会的六家单位共同签订了《长三角区域海事监管一体化战略合作备忘录》,提出建立紧密务实的战略合作关系,在多方面形成共识:包括共同保障通航安全环境,打造平安水域,协同推进长三角水域综合执法巡航救助一体化建设;共同保护区域清洁环境,六方共同研究制定长三角船舶排放控制区监管一体化方案;共同优化便利营商环境,推进船舶监管联合监管模式建设,推进基础设施建设和江海直达运输市场发展;共同营造科技创新环境,打造智慧水域。六方共同研究搭建长三角海事监管信息共享平台,商讨长三角区域海事监管和航海保障一体化融合发展举措。2019 年 9 月 27 日,长三角区域大气和水污染防治协作小组办公室(扩大)会议在上海市召开,推动落实区域污染防治攻坚战阶段性目标任务、生态环境保护协作重点工作以及区域重大活动空气质量保障,研究讨论了长三角区域生态环境保护协作机制组建方案和办公室组建方案、《进一步加强长三角区域生态环境保护协作任务清单》和《长三角生态绿色一体化发展示范区生态环境管理"三统一"制度建设行动方案》,丰富了长三角共同治理航运环境污染的政策基础。

其二,长三角一体化战略有利于上海乃至长三角绿色能源的广泛使用,如《关于协同推进长三角港航一体化发展六大行动方案》提出长三角绿色航运协同发展行动,在强化港口船舶污染防治方面,严格实施船舶排放防控,长三角船舶排放控制区地理范围,提升内河船舶大气污染物排放控制要求。鼓励地方出台政策,协同推进 400 总吨以下内河运输货船加装生活污水存储装置,限期淘汰船舶污染物处理装置和污染物收集储存能力不达标的船舶。强化船用燃油品质监管,加强船用燃油硫含量快速检测装备的配备或第三方检测服务采购。在落实既定船舶排放控制区实施方案的同时,自 2019 年 1 月 1 日起,海船驶入长三角船舶排放控制区应使用硫含量≤0.5%m/m 的燃油;内河船舶、江海直达船舶应使用符合国家标准的燃油;在积极推进新能源和清洁能源应用方面,大力推动船舶靠港使用岸电,积极争取中央财政资金补助政策,加大地方财政支持力度,降低岸电使用成本,着力提高岸电设施建设和使用率,加快港口码头岸电设施建设和船舶受电设施改造。力争 2019 年底前,主要港口完成《港口岸电布局方案》现有码头岸电设施改造任务。新建码头依法设计、建设岸电设施。2020 年底前,长三角内河港口、水上服务区、待闸锚地基本实现岸电全覆盖。推动长三角区域率先对大型客船实施靠港强制使用岸电措施,鼓励邮轮优先使用岸电措施,试点施行沿海港口码头大容量高压变频岸电设施首次投入使用前检验检测制度,积极探索港口、航运及岸电运营企业的岸电使用安全责任分担机制和保险赔偿制度。

其三,长三角一体化战略有利于借助长三角生态绿色一体化发展示范区打造上海绿色航运示范区。2019 年 10 月 26 日,国家发展改革委发布《长三角生态绿色一体化发展示范区总体方案》,提出将长三角生态绿色一体化发展示范区建设成为更高质量一体化发展的标杆。长三角生态绿色一体化发展示范区范围包括上海市青浦区、江苏省苏州市吴江区、浙江省嘉兴市嘉善县,面积约 2300 平方公里。2020 年 7 月 3 日,长三角一体化示范区执委会发布《关于支持长三角生态绿色一体化发展示范区高质量发展的若干政策措施》,提出优化公共资源配置,推进公共资源交易平台信息共享、资源整合,促进排污权、碳排放权等环境权益交易场所的互联互通,支持在示范区发展绿色信贷,发行绿色债券和绿色资产支持证券,推行绿色保险,开展水权、排污权、用能权、碳排放权、节能环保质押融资等创新业务。有效对接国家绿色发展基金,充分发挥国家级政府投资基金和项目的示范引领作用,鼓励社会资本设立各类绿色发展产业基金。2020 年 8 月 25 日,长三角生态绿色一体化发展示范区开发者联盟在上海正式成立,提出坚持把一体化发展融入创新、协调、绿色、开放、共享发展中,实现共建共治共享共赢,打破行政壁垒,聚焦一体化制度创新,建立有效管用的一体化发展新机制。长三角生态绿色一体化发展示范区对于引领长三角绿色航运协调发展探索具有重要意义,为上海国际航运中心打造航运生态价值新高地,加快推进绿色航运发展提供了合作空间和先进理念。

第二节　长三角一体化战略给上海国际航运中心带来的挑战

一、上海国际航运中心尚未完全发挥长三角航运发展引领作用

上海港集装箱吞吐量在长三角港口中占比逐年下降。2005 年,上海港完成集装箱吞吐量 1 808.00 万 TEU,浙江省港口完成集装箱吞吐量 520.80 万 TEU,江苏省港口完成集装箱吞吐量 75.33 万 TEU。上海港集装箱吞吐量占长三角港口的 75％以上,加之众多航运资源的集聚,使得上海港在长三角港口中处于全要素绝对集聚的地位。但随着长三角周边港口的发展,长三角港口产业资源及航运要素逐步向江浙两地转移。从吞吐量来看,2019 年上海港完成集装箱吞吐量 4 330 万 TEU,宁波舟山港完成集装箱吞吐量 2 753万 TEU,江苏省港口完成集装箱吞吐量 1 877 万 TEU,上海港集装箱吞吐量仅占 3 个港口集装箱吞吐总量的 48.3％,宁波舟山港更是以 112 009 万吨的货物吞吐量超过上海港。新版《中国货代企业名录大全》显示,截至 2019 年末,上海市货代物流企业约 6 000 家,江苏省约 5 000 家,浙江省约 4 000家。这说明上海在货代、物流等传统要素方面也越来越无明显优势。但是,上海市在现代航运要素集聚方面依然占据核心地位。截至 2019 年,上海航运和金融产业基地入驻机构和企业已达 30 家,船货险保费收入 41.3 亿元,同比增长 11.3％,全国占比 23.8％,处于领先地位。除了航运保险外,上海在海事仲裁、航运衍生品及航运咨询等现代航运要素集聚方面也同样处于主导地位。

虽然上海高端航运专业服务业的发展已经具有一定的规模,但相比伦敦、新加坡等世界其他先进国际航运中心而言能级不高,先进航运要素的集聚与辐射能力相对有限,成为制约上海航运中心功能提升、全球一流航运枢纽地位确立的核心短板(汪旭晖,2013)。长三角一体化战略要求上海国际航运中心充分发挥引领作用,但如何充分发挥上海国际航运中心领先地位,

更好地服务长三角港航发展,是上海国际航运中心需要面对的新课题。主要体现在以下几个方面:

首先,高端航运服务业发展空间不足。受到产品同质与种类单一、专业中介和咨询机构集聚度不高、国内市场需求较低、风险转移与分摊措施不足、法律法规不完善、财税等政策性优惠支持力度较低等因素的制约,上海国际航运中心的航运保险、航运交易、船舶租赁金融、海事仲裁等高附加值专业服务业落后于世界其他航运中心。如上海国际航运中心航运金融市场建设处于起步阶段,单向服务、服务数量少、选择性小是当前上海航运金融市场的主要特征。现在上海的主要金融机构仅提供港口码头建设、船舶制造的银行贷款业务,授信额度偏大,贷款结构不合理,抵押贷款比例过高。很少提供海上保险业务,可保范围过窄也是较为突出的问题。同时融资渠道单一,航运金融衍生功能滞后。上海港口、船舶工业企业主要以证券市场作为募集资金的渠道,其他融资渠道很少。目前在上海的此类航运上市企业和港口主要有中海发展、中海海盛、中远航运、上港集团等。

其次,上海国际航运中心的航运价格话语权和运力资源配置权与全球知名国际航运中心存在差距,在国际航运界的话语权、定价权仍然不强,航运业的服务水平仍亟待提高,急需在这些方面有所突破。相比而言,2016年8月,新加坡交易所向波罗的海交易所提出全面收购,从而掌握了波罗的海运费指数这一全球经济晴雨表,大幅增强了自身在世界航运市场尤其是航运金融衍生产品市场上的主锚地位。上海国际航运中心国际航运资源市场配置能级偏低。从权威海事组织数量看,目前上海拥有国际海事组织24家,超过纽约(23家),但远落后于伦敦(122家)、新加坡(50家)。据2019年《世界领先海事之都》报告显示,在专家眼中最受欢迎的航运公司迁址候选城市排行榜中,上海居全球第6位,落后于新加坡、伦敦和我国香港等国际航运中心。从市场交易影响力看,上海在国际航运市场交易的影响力有限,船舶交易主要为国内船舶交易,船舶交易价格指数主要参考波罗的海指数,国内船舶交易指数的市场接纳度不高。同时,船舶经纪企业数量远少于伦敦。

最后,长三角港口群的发展统筹规划不完善。长三角港口实力强劲,
2019 年全球百大集装箱港口中,长三角港口占据 5 席,上海港和宁波舟山港
分列第 1 和第 3 位;2019 年全球港口货物吞吐量前 10 大港口中,中国占据
7 席,其中长三角港口占据 3 席,宁波舟山港、上海港和苏州港分别位列第 1、
第 2 和第 6 位,众多实力强大的港口聚集难免造成竞争过于激烈的现象。在
目前的行政、财税、港口管理体制下,港口发展与所在地区的经济利益直接
相关。随着各地财力的增加,自身都拥有了发展港口的能力,事实上已经造
成港口发展超前于经济发展的需要。从长期来看,产能的过快投入将导致
码头利用率下降以及加大区内港口的竞争。长三角港口资源整合一直受到
国家的重视,自 2009 年至今,中央政府不断出台长三角港口资源整合政策
(见表 1-3)。

表 1-3　2009 年以来国家出台的涉及长三角港口资源整合的文件

文 件 名 称	涉长三角港口整合主要内容
《国务院关于推进上海加快发展现代服务业和先进制造业建设国际金融中心和国际航运中心的意见》(国发〔2009〕19 号)	适应区域经济一体化要求,在继续加强港口基础设施建设基础上,整合长三角港口资源,形成分工合作、优势互补、竞争有序的港口格局,增强港口综合竞争能力
《关于印发“十三五”现代综合交通运输体系发展规划的通知》(国发〔2017〕11 号)	优化长江岸线利用与港口布局,积极推进专业化、规模化、现代化港区建设,强化集疏运配套,促进区域港口一体化发展
《关于推进长江经济带绿色航运发展的指导意见》(交水发〔2017〕114 号)	积极推进区域港口一体化发展,加强港口资源整合,完善港口间协调发展机制,加快推进锚地、航道等资源共享共用

（续表）

文 件 名 称	涉长三角港口整合主要内容
《关于协同推进长三角港航一体化发展六大行动方案》（交办水〔2018〕161号）	以六大行动为抓手，完善上海国际航运中心"一体两翼"格局，推动形成上海国际航运中心、舟山江海联运服务中心和南京长江区域性航运物流中心联动发展格局，更好服务交通强国建设和长江经济带发展
《关于推进长江航运高质量发展的意见》（交水发〔2019〕87号）	加强资源整合，深化区域港口一体化改革，推进长三角区域港口协同发展

数据来源：根据网络公开资料整理

但目前长三角港口群发展很不平衡，结构性矛盾突出，内部存在着激烈的竞争。虽然中心枢纽港、干线枢纽港、重要枢纽港、地方性港口四个层级港口框架体系基本明确，但港口建设中普遍存在着无序竞争、重复建设、抢建码头泊位、乱占岸线等恶性竞争现象，导致集装箱、进口铁矿石和原油等专业泊位能力不足。例如，北翼的江苏沿江几乎每个城市都有自己的港口，南京、南通、镇江、扬州、江阴、常熟等都正在自建港口。为应对竞争，苏州也在推进港口群的一体化，其中一项重要决策，就是"三港合一"：将张家港港、太仓港和常熟港集合起来，共同打造"苏州港"品牌，以至于上海、浙江、江苏的港口之争正在逐步升温。

二、上海国际航运中心集疏运体系合理性尚需提高

作为国际枢纽港，上海港的直接经济腹地是长三角地区，间接经济腹地是江西、湖北、湖南、河南、陕西、四川等省。作为上海港直接经济腹地的长三角地区，货物前往上海港出口，主要通过公路直达运输，也有部分通过铁路或水路转运。近年来，上海港与部分内河港通过业务合作和资本合作，实现了以上海港为母港、内河港为喂给港的运营模式。内河港整合了原本在

上海港进行的海关、检验、存放等操作和功能，缓解了上海港的作业压力，也为客户提供了便利。顾客在内河港内可以如同在上海港那样直接取/送进出口货物，内河水水中转模式的发展也为长三角地区货物运输到上海港提供了一种新的选择方式。港口集疏运条件的好坏，决定着港口的前途命运。上海国际航运中心集疏运体系存在一定的不合理性，应从上海国际航运中心自身和长三角区域两方面进行分析。

对于上海国际航运中心而言，目前上海集疏运结构存在一定的失衡，公路、铁路、水路三种集疏运方式的占比分别为 54.3%、0.3%、45.4%。公路集疏运的比例仍然很高，水路集疏运的比例虽然比前十年有了大幅提高，但和国外成熟港口如鹿特丹港和安特卫普港的 50%～60% 的比例依然差距较大（周翔和张雁，2012）。铁路集疏运比例则过低，远远低于国外成熟港口的 20%。上海港集疏运目前主要依靠公路运输，这大大加剧了城市公路的拥堵。据统计，外高桥进出港集卡日均达 2.7 万辆，其对外集散道路主要依靠 S20 外环线，外环隧道成为其联系浦西堆场及出省的唯一通道，高峰时每小时交通流量达到 1.1 万 PCU（Passenger Car Unit，标准车当量数），饱和度已超过 1，拥堵极为严重；洋山港进出集装箱车辆日均达 1.1 万辆，其对外唯一通道为东海大桥，高峰时每小时 PCU 流量为 0.23 万辆，由于这条通道是进出洋山港的唯一通道，因此一旦出现意外的情况，极易出现交通堵塞。此外，公路集装箱卡车还会产生大量碳排放，严重污染了上海的城市空气环境，不利于上海向低碳化、绿色化的国际航运中心发展。

对于长三角区域而言，一方面，长三角对内河水运重要性认识不够。长三角区域高等级航道里程占全国的 30%，航道总里程和密度均位居前列，在交通互联互通中发挥重要支持作用。但从长三角交通一体化的关注度来看，与机场、轨道交通相比，大家普遍对航道建设的重要性认识不足，省际"断头航道"仍然存在，且航道标准不一，部分航道瓶颈问题依然突出，待闸滞航现象时有发生。长三角内河水运主要有三方面不足。一是高等级航道比例有待进一步提升。长三角区域四级以上航道里程占比约 15%，与美国、日本等发达国家 60％以上的水平差距较大。浙北、苏南集装箱运输高等级航道网建设滞后,长江航道、芜申运河、杭甬运河部分通航区段受桥梁限制明显,无法适应大型化船舶运输需要。二是省际航道尚未完全打通。由于各地项目建设时序、发展重点不同等考虑,部分省际断头航道在实际推进过程中难度大、进展慢,影响了长三角区域高等级航道互联成网的效率。三是跨区域航道标准不统一。长三角区域部分省际航道等级、设计标准、建设规范等尚未统一,导致省际内河水运衔接不畅,成为港航互联互通的主要障碍。另一方面,长三角的江海联运直达运输经济性有待突破。长三角区域江海联运合作格局基本形成,但江海直达运输为浙江首创,尚处于起步阶段,仍存在不少问题亟待破解,航道、码头泊位等江海联运配套设施存在短板。一是江海直达船型经济性有待提升。由于铁矿石、煤炭在长江下游水水中转费用整体较低,加之江海联运船舶较江船在用工、用油等方面成本偏高,经济性有待提升,竞争优势不明显。在现有条件下江海联运散货船"海进江"经济半径比较适合达到马鞍山、芜湖两港,企业新建江海联运船的意愿不强,规模效应尚未显现。二是返程货源不足、江海联运信息不匹配推高物流成本。江海联运信息化水平较低、信息互联共享不足导致船货信息不匹配,加之"江出海"散货本身返程货源不足,一定程度上拉高了江海联运全程成本。

上海国际航运中心优化集疏运体系已经难以满足上海自身港航业快速发展的需求,更难以达到长三角一体化战略目标要求。《长江三角洲区域一体化发展规划纲要》提出,要完善区域港口集疏运体系,推进重点港区进港铁路规划和建设,加强内河高等级航道网建设,提高集装箱水水中转比重。同时,国发〔2009〕19 号文中指出,到 2020 年,上海国际航运中心建设要基本形成规模化、集约化、快捷高效、结构优化的现代化港口集疏运体系,推进内河航道、铁路和空港设施建设,大力发展水水中转,逐步提高铁水联运比例。长三角一体化战略需要更为畅通的交通方式,这就对上海国际航运中心进一步优化集疏运体系提出新要求,提升铁路、水路运力,加大江海联运支持力度,做好不同集疏运体系之间的衔接。

三、长三角港口群创新协作机制还未完善

长三角港口之间内耗性竞争仍然比较突出。长期以来,各港口之间围绕码头、腹地、人才、平台等要素资源相互竞争,一定程度上存在资源浪费。一是港口群统筹规划布局力度不足。由于长三角区域港口间腹地市场交叉,在箱源、货源上仍存在无序竞争,甚至恶性竞争问题,部分港口在码头泊位建设、港口航线开辟、航运业务发展上仍追求"大而全",缺乏一体化统筹规划,造成一定程度的资源浪费和资源错配。对照国际经验,长三角港口群岸线资源尚未做到"节约高效、有序开发"。港口群岸线资源与基础设施存在重复建设的问题,每个港口又属于不同的区域管辖,不同区域之间非良性竞争的状况时有发生,造成岸线资源的浪费,三类岸线区分不够显著,上下游与左右岸协调整合力度不够。二是港口合作的利益共享机制尚未建立。长三角区域港口合作仍处于单个项目、自发合作层面,系统性合作机制缺乏。政府"外热内冷",行政性推动作用不明显,而企业大多持观望态度,协同发展的利益共享机制仍在探索中,合作上仍有诸多障碍。三是区域合作开发管理体制不够完善。上海组合港管委会主要发挥长三角区域港口的协调作用,但从实际效果看,跨行政区域港口协调难度较大,协调作用有限。部分区域由于属地管理与实际运营主体不一致而产生的矛盾比较突出。

总体上看,长三角港口目前均以地方利益为主导,逐渐向各自一体化方向发展,组合成自己小范围的港口集群联盟,跨区域港口联盟合作仍受制于行政区域的阻碍,虽然已经形成了很多长三角港口一体化的协作机制,但是还没有实质性的解决行政区域问题,还不能非常有效地提高协同效率(罗芳,2012)。面对未来港口群岸线资源高度集约化的趋势,长三角港口群要明确近期与远期发展方向,探索建立长效管理机制,科学配置港口资源,提高港口资源利用效率。如何进一步深化上海与长三角港口群市场运作的合作与开放机制,是上海港未来必须努力的方向之一,也是长三角一体化战略

需要解决的问题。

表1-4 长三角主要港口经济腹地

港 口	腹 地
上海港	上海、苏南和浙北以及湖北、四川等地区
宁波港	宁波、浙江、上海、湖北、安徽、江苏等省市的部分地区
温州港	浙西南、闽北、赣东、皖南等部分地区
连云港港	连云港、徐州、宿迁、盐城、淮安等5市
南通港	南通市和苏中盐城、泰州、淮安三市部分地区
镇江港	镇江市和扬州、淮阴、盐城地区、常州西部地区
南京港	南京及安徽省滁州地区
苏州港	苏锡常地区

四、上海国际航运中心管理体制尚需改革

长三角一体化战略需要高效、透明的管理体制,才能建立与国际通行规则相衔接的制度体系,形成系统集成效应。在此背景下,上海国际航运中心还需进一步完善其制度体系。保税区和保税港区是特殊的经济区域,不是行政区域。但实际上,由于保税区和保税港区所在的地区行政级别的不同,保税区和保税港区往往也带上行政级别的色彩。上海国际航运中心管理体制的完善主要体现在管委会体制和自由港体制建设方面。

在管委会体制方面,目前,上海乃至长三角各港区实行的是管委会与开发公司相结合的管理模式,口岸管理政出多门,且涉及中央相关部委,难以形成相对集中、统一的监管机构。保税港区虽然在物理空间上合二为一,但在管理制度上往往仍然处于分割状态,加之立法滞后、法律依据不完整,条块分割,造成了保税区管理上的多头管理、政出多门。各部门对保税区概念的理解也不尽相同,法规政策相互不协调且变化频繁,政策优势无法真正发

挥,对上海国际航运中心保税区和保税港区内企业的正常运营产生了一定的影响。

在自由港体制建设方面,自由港是一种以经营贸易为主的经济特区,可自由进行货物起卸、搬运、转口和加工、长期储存的港口区域。自由港内的国外货物,可免征关税和不需经海关人员检查(邢厚媛,2014)。自由港主要从事转口贸易,但有些还会进行加工、旅游和服务等业务。自由港与保税区相似,其不同之处在于贸易优惠措施空间范围上的差异而已。但自由港对监管的精准化要求更高,从香港和新加坡经验看,自由贸易港最基本的功能,是要实现贸易自由。而在监管方式上,实行"一线放开,二线管住",也就是"海关后撤"到二线,自由港内部成为"境内关外"。事实上,这也是自由贸易港和自贸区、保税区的最大区别。自由港有三大特点:①不设管制:对进出口贸易不设置管制;②不设置关税壁垒:除对烟草、酒精、甲醇、碳氢油类这四类商品征收进口关税及消费税外,一般进口货物都不需要缴付进口税或关税;③手续简便:进出口手续极为简便。2017 年 11 月 10 日,中央政治局常委、国务院副总理汪洋发表了署名文章《推动形成全面开放新格局》,从对外开放的形势、内涵和举措几方面,对其进行了详尽阐释,而这其中,引起最广泛讨论的,则是"探索建设自由贸易港"。探索建设中国特色的自由贸易港,打造开放层次更高、营商环境更优、辐射作用更强的开放新高地,对于促进开放型经济创新发展具有重要意义。虽然外高桥保税区实施了区港联动,洋山港开始实施自由港建设,但港区一体化仍然有待深化,加上政策在体制和机制层面有待进一步落实,自由港建设仍然只是雏形,洋山港仍然只能称为"准自由港",与国际航运中心有较大差距。

五、上海国际航运中心航运服务能级还需提升

虽然上海国际航运中心的航运服务能级有了长足的发展和壮大,但航运服务能级依然较低,难以完全满足长三角一体化战略的需求,在长三角一体化战略中面临的挑战主要有以下三点。

其一，上海国际航运中心存量航运服务国际化能级不高。2013年9月29日，中国（上海）自由贸易试验区挂牌启动，由地理上不连接的外高桥保税物流园区、外高桥保税区、浦东国际机场综合保税区、洋山港保税区组成。2014年12月28日全国人大常务委员会授权国务院扩展中国（上海）自由贸易试验区区域，将面积扩展到120.72平方公里。上海自由贸易试验区范围涵盖上海市外高桥保税区、外高桥保税物流园区、洋山保税港区和上海浦东机场综合保税区、金桥出口加工区、张江高科技园区和陆家嘴金融贸易区七个区域。洋山保税港区作为上海自由贸易试验区国际航运服务和离岸服务功能区的核心载体，对上海自由贸易试验区国际航运服务的发展发挥着重要的支撑作用。与亚洲大港相比，洋山保税港区集装箱国际中转比例、货量及挂靠航线数量相差悬殊。企业大部分集中于附加值较低的道路运输、物流仓储及货代等传统领域，提供国际船舶管理、海事法律、船舶制造等高附加值的企业数量较少。上海自由贸易试验区国际航运中转能力较低，航运服务以低附加值为主。随着上海自由贸易试验区对外资开放能力的扩大，上海润元船舶管理有限公司、上海南盛堡船舶管理有限公司等12家外资船管企业已落户自贸区，对自贸区港口国际中转能力的要求逐步提高。尽管上海港的集装吞吐量长期位居世界第一，但国际中转量极其有限。据统计，新加坡、韩国釜山等地的国际中转比例分别达到了85%和50%，而上海港的国际中转比例仅徘徊在10%左右。同时，上海自由贸易试验区国际航运集中于低附加值服务，如物流仓储及货代等传统领域。这些都制约着自贸区国际航运业的发展。在目前国际经济下行、航运市场需求疲软的背景下，大部分航运企业只能通过削价来维持。可见，转型优化上海自由贸易试验区航运业的经营模式、经营结构，建设创新高附加值航运服务是必要的。

其二，上海国际航运中心航运产业相互配套程度低，缺乏具有国际影响力的顶尖级国际航运组织和机构。上海自由贸易试验区国际航运服务在金融方面仍然和国际先进国家、地区存在着较大差距。据国际海事信息网数据分析，这种差距具体表现在，伦敦航运量是200万标箱，远远没有上海自由贸易试验区洋山港的 1 500 万标箱、深圳的 2 000 万标箱、南沙的 1 000 万标箱那么多，但却控制着全球航运话语权"波罗的海指数"，拥有国际航运交易所，控制船舶交易和运输定价权，主导制定国际海洋法等规则，进而形成了以航运物流为中心的金融服务产业，包括海运保险、海事仲裁、海运资讯、船舶管理等。相比之下上海自由贸易试验区以及香港在内的国内港口，占比不足 10%。由于全球船级管理机构的 20%、散货船业务的 40%、油轮租船业务的 50%、航运保险的 20%、船舶融资规模的 18% 都在伦敦进行，因此，伦敦集聚了大量的人才和资金，国际航运金融服务发展成熟。而以上业务则是上海自由贸易试验区国际航运服务业的不足之处。目前全球 3 000 亿美元的船舶贷款规模，700 亿美元的船舶租赁交易规模和 150 亿美元的航运股权和债券融资规模，几乎都被伦敦、汉堡和纽约所掌控，上海自由贸易试验区在相关领域涉足甚少。上海目前引进国际著名航运公司及其总部、分支机构的吸引力不大，竞争力不强，产业龙头带动效应有待开发，比如在世界前 20 位的船公司中，有 13 家落户上海黄浦外滩地区，两家落户浦东地区，仅中远集运一家落户洋山保税港区，而且是国务院免税政策出台之后才迁移至此。

其三，高端航运服务业依然存在短板。首先，上海的航运金融产品和服务滞后于航运业发展需要。航运融资的手段和渠道较少，大多仍采取抵押贷款形式，没有形成伦敦等国际航运中心具有的兼并与收购、股权与债券发行等融资业务和咨询的服务功能。上海的航运金融服务主要针对大型船舶制造企业，为中游及下游航运类客户提供的金融服务有限，中小航运企业融资困难突出。中资金融机构所提供的航运金融服务种类较少，难以根据航运产业链中相关行业的不同特点，设计并提供有针对性的金融产品和解决方案。目前中资金融机构的航运金融服务主要采用一般信贷业务方式经营的船舶融资，针对汇率、利率等避险服务的产品供给明显不足。其次，缺乏完善的政策支持环境。航运金融涉及的产业链长、行业部门多，我国目前尚无完善的综合性支持政策。一是我国金融营业税较高，企业所得税偏高，税制设计不够合理,降低了境内航运金融服务机构的竞争力。如金融租赁公司的经营性融资业务需按全额租金缴纳5%的营业税,而不是采用外资银行境外融资以息差为税基的做法。二是国内船舶登记制度程序较为繁琐,境内航运企业的船舶大量在方便旗国注册,境内的航运金融服务需求大量外流。三是对于金融租赁公司等航运金融服务机构的业务范围、设立境外分支机构等方面仍存在限制,从而影响航运业融资渠道的多元化和国际化。最后,尚未形成与航运金融配套的服务体系。一是航运金融中介机构发展缓慢。相关中介机构发展仍处于起步阶段,保险公估、海事法律服务、船检、诉讼仲裁等机构亟待发展。二是金融法律环境有待完善。目前中国与航运相关的法律制度严重不足。虽然出台了《海事诉讼特别程序法》,但仍有不少问题亟待解决;中国的航运保险条款与国际通用的英国协会条款常有差异。三是航运金融专业人才匮乏。虽然银行、保险、融资租赁和各大航运企业已经设立了专业部门,但在专业化的管理流程和团队建设方面还不完善。严重缺乏高端航运金融专业人才,直接影响到航运金融服务的相关产品创新和业务拓展。

第二章

长三角一体化背景下上海国际航运中心建设的现状与瓶颈

2018 年 11 月 5 日，国家主席习近平在首届中国国际进口博览会上发表主旨演讲，指出为了更好发挥上海等地区在对外开放中的重要作用，决定：一是将增设中国(上海)自由贸易试验区的新片区，鼓励和支持上海在推进投资和贸易自由化便利化方面大胆创新探索，为全国积累更多可复制可推广的经验。二是将在上海证券交易所设立科创板并试点注册制，支持上海国际金融中心和科技创新中心建设，不断完善资本市场基础制度。三是将支持长江三角洲区域一体化发展并上升为国家战略，着力落实新发展理念，构建现代化经济体系，推进更高起点的深化改革和更高层次的对外开放，同"一带一路"建设、京津冀协同发展、长江经济带发展、粤港澳大湾区建设相互配合，完善中国改革开放空间布局①。

2018 年 12 月中旬，交通运输部、上海市人民政府、江苏省人民政府、浙江省人民政府、安徽省人民政府联合印发了《关于协同推进长三角港航一体化发展六大行动方案》，提出了完善上海国际航运中心"一体两翼"格局，推动形成上海国际航运中心、舟山江海联运服务中心和南京长江区域性航运物流中心联动发展的格局，努力实现长三角港航更高质量的一体化发展，更

---

① 习近平在首届中国国际进口博览会开幕式上的主旨演讲(全文)[OL].新华社,2018-11-5.

好发挥示范引领作用,更好服务交通强国建设和长江经济带发展的总体要求,更是明确了内河航道网络化、区域港口一体化、运输船舶标准化、绿色航运协同化、信息资源共享化、航运中心建设联动化等六大行动的十三项主要任务。

2019年5月13日,中共中央政治局召开会议,审议了《长江三角洲区域一体化发展规划纲要》,要求长三角区域发展务必紧扣"一体化"和"高质量"两个关键,带动整个长江经济带和华东地区发展,形成高质量发展的区域集群,最大程度发挥区域带动和示范作用。可以预见,在长三角一体化上升为国家战略以后,长三角港口航运业的发展将迎来新的加速发展期。

《长江三角洲区域一体化发展规划纲要》中明确提出:要"发挥上海龙头带动作用,苏浙皖各扬所长,加强跨区域协调互动"。上海国际航运中心建设作为长三角港航一体化建设的核心区域,应通过综合提升航运高端服务功能,发挥上海龙头带动作用,引领长三角一体化发展。目前,上海国际航运中心建设成绩斐然,国际地位稳步提升。全球规模最大的自动化集装箱码头正式运行,航运基础设施不断升级;国际邮轮市场管理逐步完善,并向全产业链发展迈进;绿色、协同、共荣的长三角港口群为长三角一体化建设助力一系列创新举措,稳步提升上海核心竞争力。

第一节　航运设施建设现状

当前,区域一体化是我国重要的发展战略。长三角地区是"一带一路"与长江经济带的重要交汇点,包括上海、浙江、江苏和安徽四个板块,是国内公认的最具经济活力、开放程度最高、创新能力最强的区域之一。随着长三角一体化发展,海港枢纽方面基本形成了以上海港、宁波舟山港为国际性枢纽港,南京港、连云港为地区性枢纽港,嘉兴港、温州港、南通港、镇江港、张家港港为一般喂给港的格局,满足长三角区域港口多层次需求的发展。

同时,上海港致力于打造世界级枢纽港,海陆空综合发展。海港吞吐量持续走高的同时,基础设施不断完善,货物进出港速度不断提高。两大机场加快基础设施建设,提升空港服务品质,推进临空产业发展。邮轮产业实行全产业链发展,不断提升上海邮轮母港的服务水平。集疏运体系建设稳步推进,为水水中转、公水联运、铁水联运的高质量发展提供必要的设施保障。

一、海港枢纽建设

2019 年,长三角港口群货物吞吐量和集装箱吞吐量分别占全国市场份额的 42%和 37%,上海港、浙江省、江苏省以及安徽省港口合计完成货物吞吐量 58.5 亿吨,同比增长 12%;完成集装箱吞吐量 9 546 万 TEU,同比增长 5%。长三角港口群生产规模占据全国港口生产比重大,且增速表现强劲。从区域结构来看,上海港完成货物吞吐量占长三角三省一市合计完成吞吐量的 12%,集装箱吞吐量占 45%;浙江省货物吞吐量占 30%,集装箱吞吐量占 33%;江苏省货物吞吐量占 48%,集装箱吞吐量占 20%,安徽省货物吞吐量占 10%,集装箱吞吐量占 2%。

在海港枢纽发展方面,上海港重点发展任务以发展集装箱业务为主,继续巩固国际枢纽港地位,港口通过能力基本满足发展需求,货种结构进一步优化,初步建成“资源节约型、环境友好型”的生态大港。而浙江的宁波舟山港以大宗商品中转和集装箱运输发展为核心,并逐步成为全球主要的集装箱干线港。

2018 年,上海海港枢纽建设稳步推进,服务能力进一步提升,上海港完成集装箱吞吐量 4 201.02 万标准箱,同比增长 4.42%,连续 9 年位居全球首位(见图 2-1)。其中洋山深水港区完成集装箱吞吐量 1 842.44 万标准箱,同比增长 11.3%,占全港集装箱吞吐量的 43.9%,占比同比提升 2.8 个百分点。上海港完成货物吞吐量 73 047.90 万吨,同比下降 2.7%。其中,海港码头 68 392.18 万吨,同比下降 3.0%;内河码头 4 655.75 万吨,同比增长 3.2%。全港集装箱水水中转比例为 46.8%。

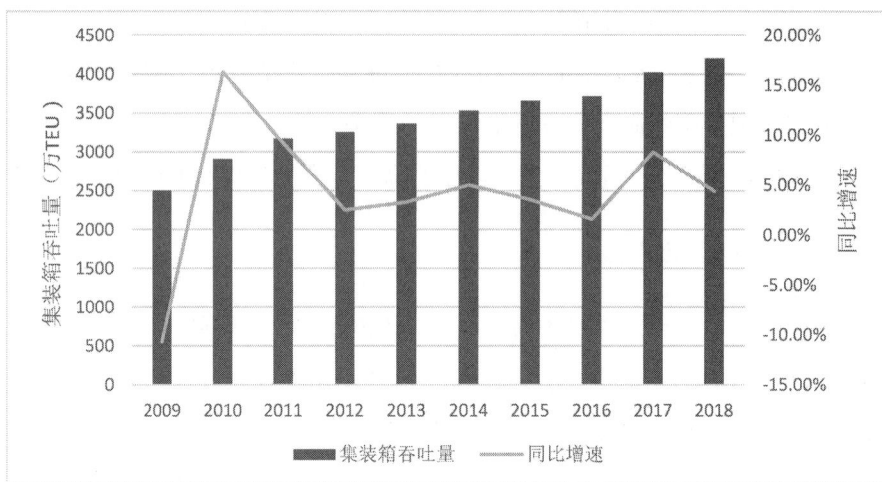

图 2-1　2009—2018 年上海港集装箱吞吐量及同比增速

表 2-1　2018 年全球前十大港口集装箱吞吐量排名

单位:万标准箱

港口	2018 年	2017 年	同比增长(%)
上海	4 201.02	4 023.3	4.4
新加坡	3 660.0	3 366.6	8.7
宁波—舟山	2 635.1	2 460.7	7.1
深圳	2 573.6	2 520.9	2.1
广州	2 192.2	2 037.2	7.6
釜山	2 159.2	2 041.2	5.8
香港	1 959.4	2 077	−5.7
青岛	1 931.5	1 830.9	5.5
天津	1 600.2	1 506.5	6.2
迪拜	1 495.0	1 540	−2.9

数据来源:上海市交通委员会

上海港持续不断推进海港基础设施建设。截至 2018 年底,上海港共有海港码头泊位 1 097 个,海港码头长度 107.23 千米,货物年通过能力 5.50 亿吨。2018 年 12 月,洋山深水港区四期工程通过竣工验收,码头靠泊能力为 15 万吨级。该码头总用地面积 223 万平方米,共建设 7 个集装箱泊位,集装箱码头岸线总长 2 350 米,是目前全球一次性建成规模最大的自动化集装箱码头。洋山四期自 2017 年 12 月 10 日开港生产以来,截至 2018 年底,累计安全开靠干线船舶 600 余艘次、支线船舶 3 200 余艘次,集装箱吞吐量超过 200 万标准箱。试生产期间,16 台桥吊、88 台轨道吊、80 台自动导引车已全部投产,生产管理系统功能更加完备,设备性能不断提升,形成 400 万标准箱年吞吐能力,码头昼夜最高吞吐量达到 14 451 标准箱。

在基础设施扩大建设的同时,上海港还不断推进创新转型,推出港口货物智能监管应用,在集装箱港区逐步推广堆场自动化技术和桥吊远程操作技术应用,以及试运行集装箱设备交接单无纸化业务。同时,运用引航技术成果,实现大型集装箱船舶套泊作业、超大型集装箱船舶顺流离泊作业等特殊船舶操纵"常态化",大大缩短船舶在港、候泊的时间,有效提升了港口综合竞争力。

二、空港枢纽建设

2019 年 12 月,中共中央、国务院印发了《长江三角洲区域一体化发展规划纲要》提出,长三角将编制实施长三角民航协同发展战略规划,要合力打造世界级机场群。巩固提升上海国际航空枢纽地位,增强面向长三角、全国乃至全球的辐射能力。上海虹桥与浦东航空枢纽作为国际枢纽空港,其服务能级不断提升。2018 年,上海两大机场保障航班起降 77.16 万架次,旅客吞吐量约 1.18 亿人次,同比分别增加 1.5％、5.1％;货邮吞吐量 417.57 万吨,同比下降 1.3％(见表 2 - 2)。上海航空客货运量保持大陆第一、全球领先地位。

表 2 - 2　2018 年上海机场营运数据表

指标		起降(万架次)	旅客(万人次)	货邮(万吨)
浦东机场	吞吐量	50.48	7 400.63	376.86
	同比(%)	1.61	5.7	−1.5
虹桥机场	吞吐量	26.68	4 362.80	40.71
	同比(%)	1.22	4.2	−0.1
两场合计	吞吐量	77.16	11 763.43	417.57
	同比(%)	1.5	5.1	−1.3

数据来源:上海机场(集团)有限公司

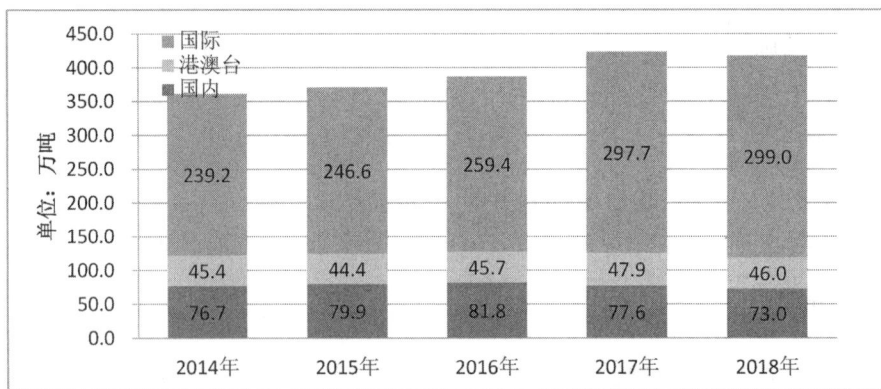

图 2 - 2　上海机场货邮吞吐量(2014—2018 年)

数据来源:上海机场(集团)公司

　　两大机场基础设施建设加快推进,截至 2018 年,浦东国际机场和虹桥国际机场拥有四座共 133 万平方米航站楼、5 个货运区、7 条跑道,设计年保障能力旅客 1.2 亿人次、货邮 520 万吨(见表 2 - 3)。

表 2 - 3 2018 年上海机场硬件设施规模现状表

机场名称	浦东国际机场（PVG）	虹桥国际机场（SHA）
投运时间	1999 年 10 月 1 日	1921 年 3 月 1 日
航站楼面积	2 座 83.2 万平方米	2 座 48.48 万平方米
跑道条数、长×宽	第一跑道 4 000×60 米 第二跑道 3 800×60 米 第三跑道 3 400×60 米 第四跑道 3 800×60 米 第五跑道 3 400×45 米	第一跑道 3 400×57.6 米 第二跑道 3 300×60 米
值机位数量	560 个	188 个
机场设计目标年	2019 年	远期终端
设计旅客吞吐量	8 000 万人次	4 000 万人次
设计年货邮吞吐量	420 万吨	100 万吨

数据来源：上海机场（集团）有限公司

上海航空枢纽积极布局航线网络，截至 2018 年，107 家航空公司开通了至上海两个机场的航班，航线网络直达全球 300 个通航点，其中国际通航点 135 个，国内（含地区）165 个，航线通达性在亚洲地区处于领先地位（见表 2 - 4）。

表 2 - 4 上海机场通航情况（2014—2018 年）

指 标		2014 年	2015 年	2016 年	2017 年	2018 年
定期航班 （个）	通航国家 和地区	46	47	49	47	48
通航点 （个）	内地	142	137	150	158	159
	港澳台	6	6	6	6	6
	国际	108	112	126	133	135

（续表）

指　标		2014 年	2015 年	2016 年	2017 年	2018 年
航空公司（家）	内地	27	26	28	29	29
	港澳台	9	9	9	9	9
	国际	58	61	70	72	69

数据来源：上海机场（集团）公司

上海牵头推进长三角空域精细化改革。2018 年，上海军地民三方协同，积极推进长三角地区空域整合，深入开展长三角空域精细化管理改革试点。在新增临时航线 12 条，新增和调整等待航线（空域）11 个的基础上，2018 年新辟了苏北地区四条临时航线，进一步带动了以上海为中心的长三角地区航班正常性局面的整体好转。

三、邮轮枢纽建设

上海港作为邮轮母港以长三角地区为腹地，市场广阔，中国国际邮轮门户的地位已基本确立。目前，上海港保持着亚洲第一、全球第四邮轮母港的位置。2018 年全年上海港累计靠泊国际邮轮 406 艘次，同比下降 20.70％，其中母港邮轮靠泊 378 艘次，同比下降 21.41％，累计完成旅客吞吐量 275.3 万人次，同比下降 7.40％，其中母港邮轮旅客吞吐量 269 万人次，同比下降 7.52％。目前，上海港共有 9 个邮轮码头泊位，分布在上海港国际客运中心和吴淞口邮轮港两大邮轮港中。

上海港国际客运中心拥有 5 个泊位和 15 个游艇泊位，码头岸线长 1 197 米，码头区总面积 5 330 平方米，设计通过能力 88 万人/年（见表 2-5）。国际客运中心不断拓展邮轮延伸业务，已从单一的邮轮码头运营商转变为邮轮产业综合服务商，现已发展成为集邮轮旅游、免税商品销售、餐饮、进口商品超市、跨境电商、码头场地租赁、保税仓储、供船、船代、进口商品贸易等多种业态于一体的多元化企业。

表 2 - 5 上海港国际客运中心码头设施情况(2018 年)

泊位数	泊位长度	泊位水深	可停靠邮轮吨位	启用日期	最多同靠船数
5	游艇泊位 263 米	9 米	2 万吨	2008 年	3
	2 号(小港池)70 米	6 米	100 吨		
	3 号 288 米	11 米	8 万吨		
	4 号 288 米	11 米	8 万吨		
	5 号 288 米	11 米	8 万吨		

数据来源:上海港国际客运中心开发有限公司

吴淞口国际邮轮码头总长度达 1 600 米,包括 2 个 22.50 万 GT 和 2 个 15 万邮轮泊位(见表 2 - 6)。2018 年 7 月 13 日,邮轮港后续工程正式启动试运营,年内实现了"三船同靠",具备"四船同靠"设施能力,年接靠国际邮轮 800～100 艘次、年接待游客量 600 万人次的运营能力。

表 2 - 6 吴淞口国际邮轮港现有码头设施情况(2018 年)

泊位数量	泊位长度	泊位水深	可停靠邮轮吨位	启用日期	最多可同靠船数
4 个	420 米	11～13 米	15 万吨	2011 年	4
	354 米	11～13 米	22.5 万吨		
	380 米	11～13 米	22.5 万吨	2018 年 (临时启用)	
	446 米	11～13 米	15 万吨		

数据来源:上海吴淞口国际邮轮发展有限公司

目前,上海邮轮船票制度试点已取得阶段性结果。2018 年 3 月 31 日,上海港出发的所有母港邮轮航次全面实行邮轮船票制度,成为全国首家全面试点邮轮船票制度的港口。积极推进"便捷通关码"和"船票认证码""两码合一"工作,探索电子船票制度,搭建统一信息平台,鼓励拓宽销售渠道,推动邮轮经济向着健康持续发展的方向迈进。在上海邮轮船票试点工作经验成熟的基础上,交通运输部拟在全国推广邮轮船票制度,并加快形成一整套邮轮服务标准体系,从而切实提升中国邮轮产业的整体服务水平。

打造国产邮轮项目。2018 年 11 月 6 日在国务院国资委举办的中央企业国际合作论坛上,中船集团与美国嘉年华集团、意大利芬坎蒂尼集团宣布合作设计建造 2+4 艘 13.5 万总吨 Vista 级大型邮轮,第一艘计划 2023 年 9 月 30 日交付,第二艘初步计划 2024 年 12 月交付。该合同的签订标志着国产大型邮轮项目正式启动。

附属产业相继加入。2018 年,上海成功引进了中船邮轮科技公司等 13 家邮轮相关企业,地中海邮轮公司成功获批跨国公司地区总部,"邮轮总部经济"开始显现。截至 2018 年底,宝山区已集聚邮轮运营企业 5 家、邮轮相关服务企业 11 家、港口运营及配套服务企业 11 家、邮轮建造及零配件维修企业 20 家、船供企业 8 家,另有滨江开发企业 4 家,旅行社 29 家,酒店餐饮等配套企业 49 家,企业总数达 137 家。

四、集疏运体系建设

目前,长三角区域内,上海港、宁波舟山港在货物集聚量方面已经处于全球领先地位,与其配套的基础设施、集疏运体系相对其他区域更加完善,未来重点发展方向侧重调整货物运输结构,提升货物运输质量,发展现代航运服务产业、邮轮产业等高附加值产业。而江苏省和安徽省多数港口仍处于扩大港口生产规模阶段,港口基础设施及其配套集疏运条件较为薄弱,其发展目标以提升港口生产能力为主。

上海港集疏运体系主要包括公路、水水和铁路三种方式。近年来,上海港集疏运体系建设已经取得了一定的成绩,特别是水水中转比例稳步提升,已经成为上海港集装箱吞吐量持续增长的最主要动力。在区域一体化背景下,上海港集疏运体系建设取得快速发展。

（一）水路集疏运

2018 年,上海港集装箱水水中转完成 1 967.60 万标准箱,同比增长
4.7%,水水中转比例为 46.8%(见图 2-3)。同时,上海港不断推进航道疏浚
和深水港区航道建设。

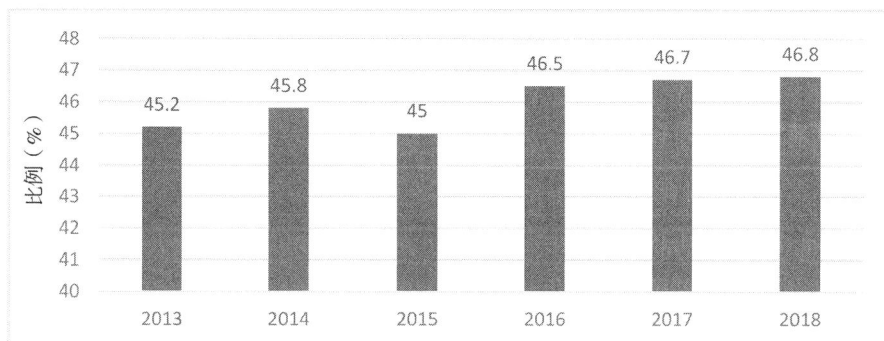

图 2-3 上海港集装箱水水中转比例

数据来源:上海港

洋山深水港区航道。组织实施洋山深水港区进港航道人工维护段、港
内水域及东港池公共服务水域疏浚维护。进港航道人工维护段长约 11.28
千米,通航宽度 650 米,维护水深 16.0 米(当地理论基准面),维护疏浚量
565.60 万立方米;港内水域长约 6.10 千米,通航宽度 690~940 米,维护水深
15.50 米,维护疏浚量 154.20 万立方米;东港池公共水域维护范围为进港主
航道起至东港池 4 号泊位东侧止,水域总长约 1.50 千米,宽度为码头前沿以
外 50 米,口门段逐渐放宽至 510 米,维护水深 5 米,维护疏浚量 65.60 万立
方米。

长江口深水航道。长江口北槽 12.50 米深水航道完成维护疏浚量 5 939
万立方米,全年通航水深保证率 100.0%;长江口南槽航道治理一期工程开
工;全年完成维护疏浚量 262 万立方米,保证 5.50 米水深畅通。全年通过长
江口深水航道船舶总量 65 442 艘次,产生良好经济效益。同时坚持绿色发

展,积极推动深水航道疏浚土综合利用,有力推进横沙八期滩涂整治工程实施,全年累计吹填疏浚土 3 407 万立方米,深水航道疏浚土利用率达到 57.0%,取得了良好的综合效益(见表 2 - 7)。

表 2 - 7　2018 年长江口航道及主要可通航水道情况

航道	航段	里程(千米)	航道类型	设标情况	航道尺度(水深×航宽)或自然水深(米)
主航道	浏河口—长江口灯船	125.2	人工维护	设标	12.5×(350~460)
南槽航道	南槽航道	86	人工维护	设标	5.5×(250~1000)
北港航道	新桥通道段	15	自然水深	设标	水深约 10
	北港中段	30	自然水深	设标	水深约 10
	北港拦门沙段	45	自然水深	未设标	水深约 6
北支航道	海门港—三条港	60	自然水深	设标	水深约 2
	三条港—连兴港	25	自然水深	设标	水深约 5
其他航(水)道	外高桥沿岸航道	15	自然水深	设标	水深约 10
	宝山支航道	16	自然水深	设标	水深约 8
	宝山南航道	11	自然水深	设标	水深约 10
	白茆沙北航道	25	自然水深	设标	水深约 8
	新桥水道	23	自然水深	设标	水深约 10
	长兴水道	17	自然水深	设标	水深约 8
	横沙通道	9	自然水深	设标	水深约 8
注:以上水深基面为理论最低潮面,利用潮水实际水深可增加 2~3 米。					

数据来源:长江口航道管理局

黄浦江航道。组织实施黄浦江吴淞口至吴泾航道 46.50 千米深水航道疏浚维护,维护工程量 79 万立方米。实施黄浦江龙华嘴弯段、鳗鲡嘴弯段和定海港口门疏浚维护,维护范围为日晖港至龙华港浦东侧深水航道底边线外侧、上粮六库码头至龙华滨江亲水平台浦西侧深水航道底边线外侧和定海桥至黄浦江深水航道浦西侧底边线,维护长度分别为 1.20 千米、1.75 千米和 0.30 千米。两弯段挖槽宽度 50 米,通航宽度 55 米、维护水深 5.50 米,维护工程量分别为 18.96 万立方米和 17.99 万立方米;定海港口门挖槽宽度 10米,通航宽度 20 米,呈喇叭型与黄浦江航道衔接,维护水深 2.50 米,维护工程量 2.9 万立方米(见表 2-8)。

表 2-8　2018 年黄浦江航道维护情况

航段	维护长度(千米)	维护宽度(米)	维护水深(米)
吴淞口 101 灯浮 —长江西路隧道	5.46	200	9.0
长江西路隧道 —军工路码头	2.13	200	8.5
军工路码头 —杨树浦发电厂码头	11.56	200	8.0
杨树浦发电厂码头 —东方明珠游船码头	7.13	165	8.0
东方明珠游船码头 —临浦渡口	13.64	127	8.3
临浦渡口 —徐浦大桥	3.07	200	8.3
徐浦大桥 —吴泾航道下游末端	4.91	100~168	8.3

数据来源:上海市码头管理中心

内河航道。2018 年,上海市内河航道建设完成投资 24.38 亿元,为年初计划的 103.2%(年初投资计划为 23.64 亿元)。大芦线航道整治二期工程累计完成概算投资的 70.4％,全线航道疏浚基本完毕,建成护岸 46 千米,20 座跨航道桥梁已建成 13 座,最后一批 4 桥启动实施;平申线航道(上海段)整治工程(含 3 项工程)累计完成概算投资的 50.3％,一期工程全线航道具备移交条件、G1501 泖港大桥第二幅新桥结构贯通,亭枫公路桥、叶新公路泖港大桥新桥施工推进;大治河西枢纽新建二线船闸工程累计完成概算投资的 84.7％,主体结构基本建成;赵家沟东段航道整治工程(含 2 项工程)累计完成概算投资的 57.3％,3.08 千米航道两岸新建护岸 5 千米,跨航道东川公路、顾曹公路结构贯通;长湖申线航道(上海段)整治工程累计完成概算投资的 61.7％,沿线 13 千米航道护岸加固基本完成桩基施工,跨航道老朱枫公路桥新桥建设推进。

表 2 - 9　2018 年底上海内河航道里程表

指　标	内河航道通航里程(千米)
内河航道里程总计	1 972.56
1. 等级航道合计	881.90
一级	—
二级	—
三级	149.98
四级	116.11
五级	87.42
六级	407.04
七级	121.35
2. 等外航道合计	1 090.66

数据来源:上海市交通委员会

（二）公路集疏运

2018 年,上海港集装箱集疏运公路完成 2 225.5 万标准箱,公路运输比例为 53%，公路集疏运基础设施建设方面不断完善。截至 2018 年底，上海市道路总长度为 18 423.39 千米，道路路网密度为 290.6 千米/百平方千米（按 6 340.5 平方千米上海市面积计算，下同）、7.60 千米/万人（按 2 423.78 万常住人口计算，下同）。公路总里程 13 106.40 千米（比上年下降 215.60 千米），公路桥梁总数为 11291 座（比上年减少 40 座）。公路路网密度为 206.70 千米/百平方千米、5.42 千米/万人。

2018 年，上海市公路固定资产投资项目 50 个，固定资产投资 154.17 亿元，同比减少 5.9%。其中，12 个项目已竣工，包括 2 个省道项目和 10 个县道项目。高速公路投资 53.89 亿元，同比下降 16.4%；普通国省道投资 26.97 亿元，同比下降 56.9%；规模以上农村公路总投资 73.31 亿元，同比增长 41.0%。

截至 2018 年底，上海市道路集装箱运输企业 3 509 家，道路集装箱运输专用车辆（有动力）39 865 辆，挂车（无动力）43 734 辆。共有集装箱堆场 46 家，其中浦东新区 36 家，宝山区 9 家，奉贤区 1 家。

（三）铁路集疏运

2018 年，海铁联运集疏港总量 92.4 万吨；集装箱海铁联运业务量 7.5 万标准箱，同比增长 31.6%；发运量 5.08 万标准箱。

铁路基础设施建设方面，上海市主要在建铁路项目沪通铁路一期（南通至安亭段），初步设计批复概算 353.84 亿元，截至 2018 年累计下达投资计划 307 亿元。

海铁联运建设方面，开行苏州、常州到上海港的短途海铁联运"点到点"班列，到成都方向的长距离集装箱多式联运班列实现常态化开行。其中，X9532 次南翔至成都北多式联运普快班列全年开行 299 列；X8710 到成都方向的大弯镇站、X8715 至重庆方向的团结村站两趟沿江集装箱多式联运快速班列全年开行 199 列。

表 2-10　2018 年上海铁路货运量表

指标	单位	2018 年	2017 年	同比增长（%）
货物发送量	万吨	468.38	471.89	-0.7
货物到达量	万吨	603.33	708.90	-14.9
货物周转量	百万吨千米	964.56	993.69	-2.9

数据来源：中国铁路上海局集团有限公司

表 2-11　2018 年上海港海铁联运运量情况

发站	到站	品名	箱数（标准箱）	车数	吨数（万吨）	收入（万元）
贵溪北、常州、城厢、苏州西	芦潮港、杨浦	电子产品、电解铜、自备空箱等	24 664	12 332	31.5	9 886.11
何家湾	大湾镇、自贡、西昌南等	卷钢	—	984	5.3	2 256
北郊	阿克苏、石河子、库尔勒	纸浆	—	1434	7.8	3 362.7
芦潮港	贵溪北、城厢、中牟、上街	铜锭	15 868	7 934	21.3	3 184.9
杨浦	合肥北、城厢、大湾镇、团结村、圃田、新筑	汽配、炭黑、杂项化工品、皮革、混装货物	34 924	17 462.5	26.5	13 616.6

数据来源：中国铁路上海局集团有限公司

第二节　航运产业发展现状

长三角航运产业一体化发展，要注重资源优势互补，实现区域互利共赢。目前来说,国内航运服务总部机构主要集聚上海,世界排名前十的班轮公司中,上海拥有其中 5 家中国区总部;长三角航运交易市场主要分布在上海、宁波,包括上海航运交易所、宁波航运交易所、浙江船舶交易市场等,2018 年上海航运交易所成交船舶 101 艘次,总成交金额 3.1 亿元人民币,2019 年浙江船舶交易市场年交易额达到 29.3 亿元;航运融资和航运保险业务主要集聚上海,2019 年上海航运保险业务总量 43.7 亿元,占据全国份额的 1/4;保税燃油加注业务主要分布在舟山,2019 年加注量达到 410 万吨,占全国总量的 37%;船舶检验业务主要集聚在上海,中国海事主管机关批准的外国驻华船检机构(船级社)共 22 家,其中 14 家在上海设立地区总部;航运教育与培训主要集聚上海,上海市共有 18 所高校在本科及以上层次开设航运领域的学科专业。

可以看出,国际性和全国性的现代航运服务产业主要集聚在上海,并且在航运服务业的规模和业务市场份额方面,上海与江苏和浙江相比具有领先优势。此外,浙江宁波现代航运服务产业通过发展已初具规模,尤其围绕大宗散货等特色货种集聚了部分航运服务要素,发展了相关航运服务业态,包括大宗商品交易、船舶交易、航运金融、船舶燃油加注等。长三角其他城市相较而言现代航运服务产业分布较少,未成体系,包括长江沿线港口城市未形成特色化的航运服务产业。

一、航运主业规模庞大

从整体而言,长三角区域内国际性、国家级航运功能性机构主要分布在上海和宁波。上海集聚大量国际性、国家级航运功能性机构,全球排名前二十的班轮公司、排名前四的邮轮企业、全球九大船级社、国有和民营主要航运企业均在沪设立总部或分支机构。但浙江宁波也引进有 5 家以上世界500 强的航运企业区域总部,世界 200 强的航运物流企业或国内 100 强航运物流企业宁波分公司及航运平台型企业、航运服务机构。

（一）国际海运及其辅助业概况

截至 2018 年底，上海共有国际航运及其辅助企业 3 166 家，其中国际船舶运输企业 57 家，国际船舶代理企业 101 家，无船承运人 2 972 家，外商独资船务 35 家，船舶交易服务机构 1 家（见表 2 - 12）。

表 2 - 12　2018 年与 2017 年上海国际海运及海运辅助业企业情况对比

企业类型	2018 年底总数（户）	2017 年底总数（户）
国际船舶运输	57	59
国际船舶代理	101	148
无船承运	2 972	2 323
外商独资船务	35	38
船舶交易服务机构	1	1
合计	3 166	2 569

数据来源：上海市交通委员会

（二）国内水路运输及其辅助业概况

截至 2018 年底，上海共有地方航运企业 203 家，其中，内河航运企业 85 家。在本市注册营运性地方运力 1 257 艘，1 239.64 万载重吨，37 020 客位。其中，内河船舶 738 艘，42.78 万载重吨，37 020 客位。在沪航运央企共 21 家，在上海市注册运力 222 艘，965.78 万载重吨。在沪注册国内船舶管理企业 44 家。

（三）国际货运代理

截至 2018 底，上海市国际货代备案企业达 15 144 家，其中境外投资企业 1 829 余家。2018 年，上海国际货代企业经营状况保持平稳，业务量略有增长。以综合服务为主的大型企业和以专业化服务为主的中小型企业市场竞争优势显著。

二、现代航运服务体系日益完善

（一）航运保险机构集聚，市场份额不断扩大

2018 年，上海保险市场共有 57 家财产保险公司在沪经营航运保险直保业务。其中，总公司 8 家，保险分公司 35 家，航运保险运营（营运）中心 11 家，总公司直属营业部 3 家；经营船前险业务的公司 36 家，其中中资公司 33 家，外资公司 3 家；经营货运险业务公司 55 家，其中中资公司 40 家，外资公司 15 家；共有 3 家再保险公司在沪经营航运相关再保业务，其中中资再保险公司 1 家，外资再保险公司 2 家。共有保险专业中介机构 461 家，其中保险代理机构 215 家，保险经纪 180 家，保险公估机构 66 家（见表 2－13）。

表 2－13　上海市航运保险业务机构数量（2014—2018 年）

单位：家

企业分类	2014 年	2015 年	2016 年	2017 年	2018 年
直保保险公司	49	54	56	59	57
再保险公司	3	3	3	3	3
保险中介机构	213	363	367	437	461

数据来源：上海市金融服务办公室

2018 年，上海航运保险船舶险和货运险业务总量达到 41.30 亿元，同比增长 11.26%，占全国船货险业务量的 23.73%。从船舶险来看，上海地区 2018 年船舶险保费收 22.26 亿元，同比上升 7.71%，占全国船舶险保费总量 42.98%。从货运险看，上海地区 2018 年货运险业务总量为 18.54 亿元，同比上升 15.95%，占全国货运险总量的 15.31%（见表 2－14）。

2018 年，在沪开展业务的 11 家专业航运保险运营（营运）中心、中远海运自保公司、东海航运保险上海分公司等航运保险专营机构船货险保费收入合计 24.13 亿元，占上海船货险市场的 58.4%，成为上海船货险业务发展

的重要力量。

表 2-14   上海市航运保险收入情况(2014—2018 年)

单位:亿元

业务分类	2014 年	2015 年	2016 年	2017 年	2018 年
航运相关直接保险保费收入	40.20	38.33	36.96	37.12	41.30
其中:船舶险	24.01	24.49	22.88	21.13	22.76
货运险	16.19	13.84	14.08	15.99	18.54

数据来源:上海市金融服务办公室

为发挥上海航运保险指数对水险市场费率厘定的指导与参考作用,促进行业自律,上海航运保险协会按计划启动上海航运保险指数二期工作。2018 年 5 月 7 日,协会组织相关会员单位召开上海航运保险指数编制工作会议。根据会议精神初步形成指数二期开发方案,并积极协调相关公司采集数据,争取尽早实现数据拟合和试运行。

2018 年,上海航运保险协会通过与国际知名检验机构合作,探索为行业资源整合和境内外资源对接打建桥梁。积极开展行业调研,在充分收集"一带一路"建设相关需求的基础上,经研究形成了全球航运保险服务网络建设的初步方案。与国外第三方检验人密切沟通、探讨、确认服务网络的供应商名录、服务方式等内容,并邀请其来沪与会员单位面对面交流,探讨服务网络的建设、使用、收费及反馈方式等会员单位关注的问题。成立货运理赔委员会,设委员五到六人,由国内主要水险保险公司的资深核保、理赔人员组成,负责推动各家公司使用该保险服务网络,同时对网络的海外检机构进行相应评估,对协会编制的服务网络手册提出意见。

（二）海事审批实力不断提升，海事仲裁话语权逐步显现

1. 法院审判

海事法律服务是解决国际航运争议的服务业，对海运文化传承和法律适用性有很高的要求，目前上海还处在市场主体集聚和政策逐步完善阶段。2018 年，上海海事法院共收案 5 672 件，同比上升 8.93％；结案 5 673 件，同比上升 8.82％；年底存案 295 件，同比下降 0.34％，继续保持"两升降"的良性审判运行态势（见表 2‐15）。立案/申请执行标的总金 94.58 亿元，结案执结标的总额 59.14 亿元。其中，全年受理一审案件 4 946 件（包括一审海事海商案件 4 504 件，海事特别程序等案件 442 件），占全部案件的 87.20％；申请执行案件 408 件，占 7.19％；执行异议和执行保全案件 318 件，占 5.61％。

从审理效率上看，上海法院审判质量效率综合评估指数相关的 31 项指标中，除 1 项指标无数据和 1 项指标不参与排名外，22 项达到或超过全市均值，其中 12 项排名第一。民商事调撤率为 92.92％，一审服判息诉率为 97.38％，案件二审改判发回率为 8.70％。个案平均审理天数 28.29 天，同比下降 1.18 天，平均执行天数 43.88 天，同比上升 12.15 天。

表 2‐15　上海海事法院受理及审结案件情况表（2014—2018 年）

指　　标	2014 年	2015 年	2016 年	2017 年	2018 年
受理案件总数（件）	2 723	4 702	5 054	5 207	5 672
其中：一审海事海商案件（件）	1 792	3 349	4 171	3 914	4 504
海事特别程序案件（件）	455	664	661	360	442
申请执行案件（件）	476	689	497	542	408
审结执结案件总数（件）	2739	4 711	5 101	5 213	5 673
审结执结案件标的（亿元）	37.48	27.47	33.00	22.75	59.14
存案（件）	340	329	299	296	295

数据来源：上海海事法院

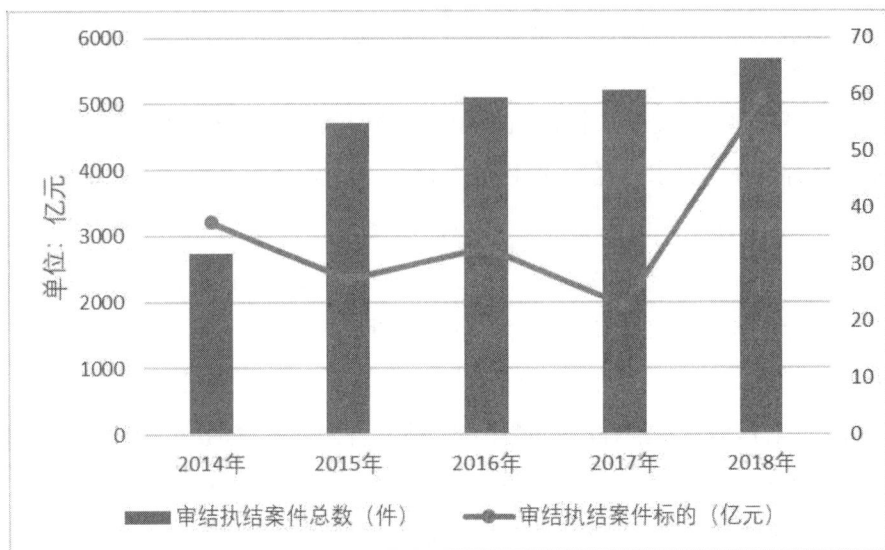

图 2‑4   上海海事法院审结执结案件变化情况（2014—2019 年）

数据来源：上海海事法院

2. 海事仲裁

1）中国海事仲裁委员会上海分会

2018 年，中国海事仲裁委员会上海分会全年受理案件 76 件，其中涉外案件 30 件，国内案件 46 件，标的人民币 7.1 亿元（见表 2‑16）。涉及国家和地区包括韩国、俄罗斯、印度尼西亚、英国、新加坡、丹麦、中国台湾、日本、中国香港、美国、马绍尔群岛、巴哈马、挪威、德国、法国、印度。

表 2‑16   中国海事仲裁委员会上海分会案件受理情况（2014—2018 年）

指　标	2015 年	2016 年	2017 年	2018 年
受理仲裁案件(件)	101	84	85	76
♯涉外案件(件)	54	45	53	30
海商合同纠纷案(件)	90	76	79	49

（续表）

指　标	2015 年	2016 年	2017 年	2018 年
海事侵权案件(件)	11	8	6	27
审结案件(件)	84	73	76	65
♯和解案件(件)	39	26	31	25
争议标的(亿元)	11.84	8.57	4.14	7.10
平均结案期(天)	88	91	83	87

数据来源:上海海事仲裁院

中国海事仲裁委员会上海分会与政府部门、法院、司法机关、行业协会及重点企业积极开展交流,帮助相关部门对海事仲裁加深认识和了解,进一步宣传海事仲裁。同时,积极参与国际仲裁事务,为"一带一路"建设提供便捷高效、国际化、专业化的仲裁服务,并以此为契机,着力提升国际影响力。

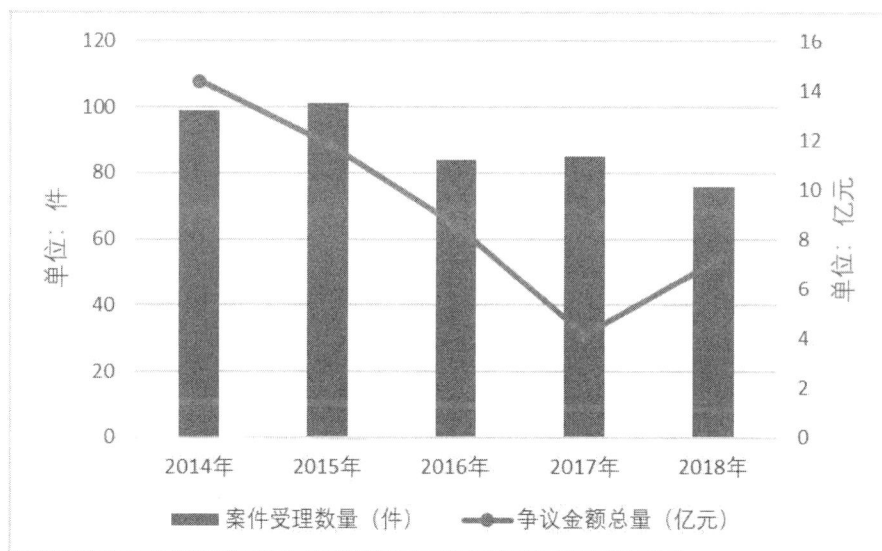

图 2-5　中国海事仲裁委员会上海分会案件受理变化情况(2014—2018 年)

数据来源:上海海事仲裁院

2）上海国际航运仲裁院

2018 年,上海国际航运仲裁院全年受理案件共计 210 件,同比上升 62.79%;涉案争议标的额共计 5.7 亿元,同比上升 121.79%(见表 2 - 17)。

表 2 - 17　上海国际航运仲裁院案件受理情况(2014—2018 年)

指标	2015 年	2016 年	2017 年	2018 年
受理仲裁案件(件)	320	141	129	210
♯涉外案件(件)	4	7	5	2
海商合同纠纷案(件)	7	3	22	5
海事侵权案件(件)	9	5	2	2
和解案件(件)	64	31	34	47
争议标的(亿元)	4.11	2.88	2.57	5.70
平均结案期(天)	67	45	45	108

数据来源:上海国际航运仲裁院

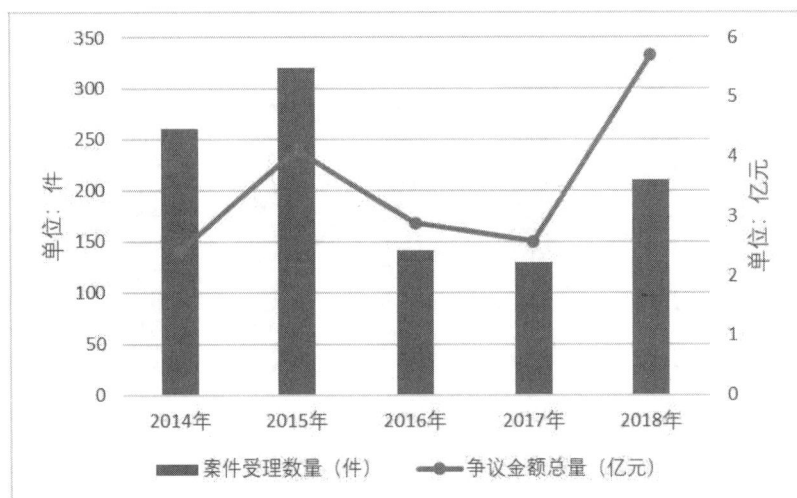

图 2 - 6　上海国际航运仲裁院案件受理变化情况(2014—2018 年)

数据来源:上海国际航运仲裁院

2018 年 4 月 17 日，上海海事法院召开新闻发布会，发布《上海海事法院服务保障上海国际航运中心建设的工作意见》，明确要发挥海事审判职能作用，切实加强"十二项审判执行工作"。十二项工作基本涵盖了港航船全产业链，涉及多项重点促进上海国际航运中心建设的工作，如促进"江海直达"和"水水中转"；"促进港区分布和泊位结构优化"；"促进船舶交易规范发展"；"保障船代、货代等航运服务业的扩大开放"；"助力打造具有全球影响力的国际航运保险中心"；"促进上海船员劳务市场发展和船员服务建设"；"促进邮轮经营改善、提高服务品质"；"构筑上海发展绿色航运的海事司法保护屏障"等。

2018 年 6 月 12 日，上海海事法院发布《关于推进"最高人民法院国际海事司法上海基地"建设的实施意见》和《关于推进"智慧海事法院（上海）实践基地"建设的实施意见》，这是上海海事法院全力推进国际海事司法中心和智慧海事法院建设的重要举措。

在《关于推进"最高人民法院国际海事司法上海基地"建设的实施意见》中，上海海事法院明确提出上海基地的"1＋2"功能定位，即"一个主功能、两个辅功能"，以建设国际海事纠纷解决中心为核心功能，以建设国际海事司法高端智库和国际海事司法交流平台为辅助功能，作为主功能的国际海事纠纷解决中心，是建设国际海事司法中心的核心目标。

在《关于推进"智慧海事法院（上海）实践基地"建设的实施意见》中，上海海事法院明确智慧海事法院建设的主要任务是打造"1＋2＋X"的信息化建设模板。"1"即建设"一个中心"，构建安全、稳定、先进、可控的大数据交换处理中心，实现数据的采集、交换、处理、展示、发布等一体化集成；"2"即建设"两个平台"，建设智能化办案平台，提高审判执行质效，提升诉讼服务能力，建设智能化办公平台，根据司法行政能力，提升司法保障水平；"X"即建设若干个智能辅助系统，实现智慧海事法院"人工智能＋"工作模式的转型升级。

2018 年 7 月 17 日，上海市高级人民法院召开新闻发布会，通报了《上海市高级人民法院关于为上海国际航运中心建设提供司法服务与保障的若干意见》(以下简称《意见》)。《意见》共包括"总体要求""具体措施""工作要求"三大部分。第一部分"总体要求"阐明了司法服务保障上海国际航运中心建设的重要意义和基本原则,强调了司法服务保障应当把握和遵循的职能定位和科学理念。第二部分"具体措施"立足于涉航运中心建设的各类案件审理,提出了司法服务保障上海国际航运中心建设的具体举措。第三部分"工作要求"从司法体制改革、司法服务保障能力两个方面,分别明确了做好服务保障工作的具体要求。

与此同时,海事司法平台也在积极推广。我国第一个向全球推广中国海事司法文化的专业平台——"中国海事判例及文化国际推广平台"正式在美国上线。该网站由美国杜兰大学海商法研究中心与上海国际航运研究中心合作推出,经过百余名员工4年的努力工作建成。网站上线后,将对接中国十大海事法院,每年选取100个经典案例,将其翻成国际航运界通用语言,并适当加上摘要及评述,供全球海运人在网上免费查阅。平台展现了当代航运发用中国特色海事司法文化的结合,传播中国的海事司法理念及争议解决手段,还将在全球范围内进一步推动中国海事审判理论及实务的研究,促进中国海事法律、司法及法院的国际化建设。平台未来将每年在美出版一本案例集。而"有法可查,有例可循"也将更加确立中国海事司法文化的良好国际形象,从而促进上海对国际航运中心以及具有全球影响力的海事司法中心建设。

2018年2月,上海海事法院研发的"船舶数据分析系统V1.0"获得国家版权局颁发的"计算机软件著作权登记证书"。这是上海海事法院被最高人民法院确定为"智慧海事法院(上海)实践基地"以来在信息化建设上取得的又一成果。船舶数据分析系统在全国海事法院中属于首创,该系统通过"RESTful"架构从专业网络广泛收集与海事审判执行密切相关的船舶、气象海况等数据,构建出一个高性能的大数据平台。一是整合IMO国际船舶登记信息中船舶名称、呼号、船籍国等几十项船舶基础数据,依托VTS、AIS等船舶卫星定位系统进行大数据采集和智能定位,对全球所有在航船舶进行搜索,实时确定船舶所在位置;二是整合全球气象水文信息,为扣押船舶提供船舶所在位置台风、海浪等恶劣天气安全预警;三是通过 存储船舶历史航迹,为预测船舶航线和模拟船舶碰撞环境提供智能分析,为辨明责任、定纷止争提供信息化支撑。该系统自 2017 年 4 月上线运行以来,已为多起涉船案件的立案审查、案件审理提供技术服务,其中追踪并成功扣押船舶 14 次,查询船舶历史航迹、实时定位 30 多次,切实提高了办案效率。

近期,上海海事法院在"船舶数据分析系统 V1.0"的基础上继续深化研发,完成了"船舶数据分析系统 V2.0"的开发建设,新增了船舶扣押预警、多船碰撞区域动态模拟和海域、经纬度、港口等多维度查询等功能。

2018 年 6 月 13 日,上海海事法院自主研发的在线智能海事诉讼系统正式启用。在线智能海事诉讼系统是上海海事法院建设智慧海事法院的一项主要任务,通过智能化办案平台,提升审判质效和诉讼服务能力。在线智能海事诉讼系统具有集网上立案、在线调解、远程取证、视频认证、证人视频出庭、网上阅卷、远程信访、电子送达和各类事项网上申请等为一体的诉讼服务功能,并且与上海法院 12368 系统、律协平台和财付通平台等互联互通。针对海事法院涉外性强、专业性高的特点,在线智能海事诉讼系统推出了中英文双语版本,从主页到三级菜单全部实现了双语模式,可进行境外证据调查、境外证人和专家辅助人出庭等。该系统是目前经测试可应用国家最多的法院信息化系统之一,满足了境外当事人在境外参与、了解诉讼的现实需要,有利于提升海事司法的国际公信力。

（三）口岸服务环境完善,通关效率不断提高

2018 年,上海口岸运行保持平稳增长。全年口岸进出口货物总值 8.53 万亿元,同比增长 7.7%,占全国的 27.9%。其中,进口 3.64 万亿元,同比增长 8.8%,出口 4.89 万亿元,同比增长 6.9%。港口外贸货物吞吐量 4.02 亿吨,同比下降 2.0%;集装箱外贸吞吐量 3 574.80 万标准箱,同比增长 4.6%;集装箱水水中转比例达 46.8%,其中国际中转比例 8.8%。航空外贸货邮吞吐量 344.90 万吨,同比下降 0.4%。口岸出入境旅客 4 250.14 万人次,同比

增长 6.4％。其中,邮轮出入境旅客 272.02 万人次,同比下降 8.4％;铁路口
岸 9.96 万人次,同比下降 4.8％,航空口岸 3968.16 万人次,同比增长 7.6％。
口岸出入境(港)国际邮轮 804 艘次,同比下降 21.6％(见表 2 - 18)。

表 2 - 18 2018 年上海口岸主要数据统计表

大类	项　目	单位	2018 年	同比增长（％）	2017 年	同比增长（％）
货物	上海口岸进出口货物总值	万亿元	8.53	7.7	7.92	15.1
	出口	万亿元	4.89	6.9	4.57	18.9
	进口	万亿元	3.64	8.8	3.34	12.5
	航空口岸进出口货值	万亿元	3.32	8.1	3.07	19.5
	出口	万亿元	1.44	5.9	1.36	19.3
	进口	万亿元	1.88	9.9	1.71	19.6
	水运口岸进出口货值	万亿元	5.19	7.5	4.83	12.1
	出口	万亿元	3.43	7.2	3.20	9.2
	进口	万亿元	1.76	8.0	1.63	18.1
	上海关区进出口货物总值	万亿元	6.41	7.3	5.97	14.0
	出口	万亿元	3.71	6.0	3.50	19.3
	进口	万亿元	2.70	9.2	2.47	10.6
	上海市进出口货物总值	万亿元	3.40	5.5	3.22	12.5
	出口	万亿元	1.367	4.2	1.31	15.4
	进口	万亿元	2.03	6.4	1.91	8.4
	上海口岸货物吞吐量	万吨	40 550.7	−2.0	41 389.0	8.0
	航空口岸货邮量	万吨	344.9	−0.4	346.3	14.1
	水运口岸货物量	万吨	40 205.8	−2.0	41 042.7	8.0
	上海口岸集装箱吞吐量	万标准箱	3 574.8	4.6	3 418.0	7.2
	出口	万标准箱	1 593.0	5.7	1 507.7	8.3
	进口	万标准箱	1 446.8	3.5	1 397.4	7.0
	内支线	万标准箱	535.0	4.3	512.9	4.8

（续表）

大类	项　目	单位	2018 年	同比增长（%）	2017 年	同比增长（%）
人员	上海口岸出入境人员总数	万人次	4 627.0	5.8	4 375.26	3.1
	旅客总数	万人次	4 250.14	6.4	3 994.34	3.9
	航空口岸出入境人员	万人次	4 200.16	7.5	3 908.68	3.1
	旅客	万人次	3 968.16	7.6	3 686.88	3.9
	水运口岸出入境人员	万人次	415.91	−8.6	455.15	3.9
	旅客	万人次	272.02	−8.4	297.0	3.3
	铁路口岸出入境人员	万人次	10.91	−4.5	11.43	4.5
	旅客	万人次	9.96	−4.8	10.46	4.0
交通工具	上海口岸出入境交通工具总数	—	277 119	3.2	268 495	3.3
	飞机	架次	252 845	4.0	243 215	3.9
	船舶	艘次	23 908	−4.1	24 918	−2.8
	列车	车次	366	1.1	362	0.0
	进出上海口岸国际航行船舶	艘次	40 474	−2.55	41 531	−0.20
	货船	艘次	39 468	−2.09	40 309	−0.23
	邮（客）船	艘次	1 006	−17.68	1 222	0.66

数据来源：上海市口岸服务办公室

由上述表格可以看出：①2018 年上海口岸进出口货物总值占全国进出口货物总值（305 050.4 亿元）的 27.9%。②上海水运口岸货物吞吐量占上海港货物吞吐量（7.30 亿吨）的 55.0%；水运口岸集装箱吞吐量占上海港集装箱吞吐量（4 201.02 万标准箱）的 85.1%。③上海航空口岸货邮吞吐量占上海航空港货邮吞吐总量（417.57 万吨）的 82.6%，出入境旅客占上海航空港旅客吞吐总量（1.18 亿人次）的 33.7%。④进出上海口岸国际航行船舶指在上海口岸办理出入境手续的国际航行船舶（即上海口岸出入境船舶）。

上海国际贸易"单一窗口"建设进一步深化。一是深化与国家标准版融合对接，继续完善申报功能。完成"单一窗口"关检融合统一申报功能改造，实现全口岸平稳切换,保障关检融合统一申报改革的顺利进行。二是拓展开发服务贸易功能板块,对接首届进口博览会需求。上线"单一窗口"进口博览会服务专区,优化完善系统,进行企业培训和全面应用,与中检"云追溯"平台开展对接。完成技术贸易、服务外包等业务功能方案。三是积极主动与金融企业对接,助力进出口企业提速降费。上线"单一窗口"购付汇业务功能。

（四）船舶管理能力日益提升,高端产业链逐渐形成

1. 船舶登记

截至2018年底,上海海事局在册登记的船舶数量为2 211艘,同比减少12艘(见表2-19)。其中,国内航行海船数量较上年有所增加;国际航行船舶同比有所减少,上海籍船舶较2017年增加1艘。2018年,国内航行海船中有2艘船舶获批可由广东省口岸航行至港澳地区。上海市地方海事局在册登记的国内航行河船2 964艘,712 509总吨。

2018年,上海海事局共办理各类船舶登记1 800艘次,同比增长9.7%,其中光船租赁登记同比增加67.6%,船舶抵押权登记同比下降43.3%。变更登记和船舶国籍登记分别为36.2%和27.4%。

表 2-19　上海海事局船舶在册登记情况

种　类	船舶数量		总　吨		平均单船总吨	
	2018 年	2017 年	2018 年	2017 年	2018 年	2017 年
国际航行船舶	411	418	1 069 1551	10 919 556	26 013	26 123
其中上海籍船舶	13	12	121 820	115 270	9 370	9 605
国内航行海船	1 141	1 116	6 892 839	6 491 055	6 041	5 816
国内航行河船	659	689	1 011 647	967 072	1 535	1 403
总计	2 211	2 223	18 596 037	18 377 683	8 410	8 267

数据来源:上海海事局

上海持续推进完善国际船舶登记制度,海事管理部门密切跟踪上海市交通委等部门关于推进中国(上海)自由贸易试验区国际船舶登记制度的相关动向,并利用自贸区机遇深化改革,进一步争取相关政策支持,拓展国际船舶登记制度性研究与实施。

稳步推进服务长江经济带建设,长江口深水航道利用边坡自然水深超宽交会取得显著成效,于 2018 年 12 月 1 日转入常态化运行。建立完善大雾等灾害性天气应急联动长效机制。推进实现上海南港及其附近水域至长江沿线航线纳入东海特定海区特定航线。同时,国内首艘江海直达型集装箱船首航洋山港,并不断推进精细化、网格化气象服务在客船抗风等级核定和特定航线船舶管理中的应用。探索建立长江至上海洋山港区特定航线船舶船员发证和现场监管相结合的长效机制。

2. 船舶检验

上海地区船舶检验业务主要由中国船级社上海分社、上海市船舶检验(美、英、挪、德、法、意、日、韩)在沪机构分别承担。截至 2018 年底,中国海事主管机关批准的外国驻华船级社共 22 家,其中 14 家在上海设立地区总部。外资船级社中具有船舶建造和营运检验资质的 7 家,仅具有营运检验资质的 7 家。

2018 年,中国船级社上海分社完成国际船舶营运检验 509 艘次,同比下降 14.9%;新造船检验 26 艘,同比下降 16.1%;国内营运船舶检验 553 艘,同比增长 13.6%;国内新造船检验 36 艘,同比下降 28.0%。2018 年,中国船级社上海分社完成新造船检验 26 艘共 410 万总吨,占上海地区新造船完工量的 50%以上,是上海分社历年来新造船完工量最多、船舶技术含金量最高、检验工作量最大的一年,包括第二代 40 万吨大型矿砂船、21 000TEU 集装箱船、17.4 万立方米薄膜型 LNG 运输船及 5 000 吨起重铺管船"德合"轮。此外,深海载人潜水器"深海勇士"号 CCS 在 100 多家参研单位中位列前十,受到科技部嘉奖。

2018 年,上海市船舶检验处完成船舶建造检验 165 艘,7 488 总吨;船舶营运检验 2 389 艘,1 686 234 总吨;船舶审图 48 套;船用产品检验 44 件。

表 2 - 20　中国船级社上海分社船舶检验业务情况(2014—2018 年)

指标	单位	2014	2015	2016	2017	2018
国际航行船舶						
新造船检验	艘	24	25	16	31	26
新造船检验	万总吨	137.5	121.8	145.2	210.6	410.2
营运船检验	艘	639	481	511	598	509
ISM 审核	艘	241	164	171	186	169
ISPS 审核	艘	236	150	180	179	168
国内航行船舶						
新造船检验	艘	6	7	4	50	36
新造船检验	万总吨	0.2	0.3	0.3	9.5	17.4
营运船检验	艘	751	849	690	487	553
NSM 审核	艘	64	42	62	58	278

数据来源:中国船级社上海分社

目前,CCS 上海分社已融入长江经济带船舶检验业务中,具备 LNC 燃料动力能船、纯电动力船舶专业化验船师队伍。2018 年完成了国内首制油电混合动力拖轮"海港 711"和 54 客位纯电动内河客船"瑞华一号"的建造检验发证工作。同时,与中船邮轮科技、中远海集团、福建国航、世天邮轮、中船集艾等国内邮轮相关方开展合作。同时,积极组建邮轮检验人才队伍。目前,已经争取到外高桥 13.5 万吨大型邮轮、世天公司 3.68 万吨中型邮轮等项目。

3. 船舶管理

从上海的情况来看,船舶管理服务业还处在起步阶段。2014 年,随着上海自贸区"允许设立外商独资国际船舶管理企业"的开放,外资独资企业可以在自贸区从事国际船舶管理业务,包括为船公司统筹安排船员轮岗、船舶运营、船籍设定等服务。首批成立的船舶管理企业有润元船舶管理有限公司,以及全球第一大国际船舶管理公司 V.Group 成立的全资子公司——上海卫狮船舶管理有限公司。2017 年,全球第二大船舶管理企业中英船管(Anglo-Eastern Univan Group)与上海中船海员管理有限公司在上海合资成立中英中船舶管理(上海)有限公司。2018 年,贝仕船舶管理中国公司也落地上海浦东。随着威仕、南盛堡、泰昌祥等 17 家优质外商独资或中外合资船管企业入驻自贸区,数家全球顶尖外资船管企业相继落地,20 余家船舶管理上下游企业签署战略合作协议。截至 2017 年底,在上海注册的国际和国内船舶管理企业数量分别为 110 家和 40 家。截至目前,全球三大国际船舶管理公司威仕、中英及贝仕均已落地浦东。

2018 年,自贸区船舶管理开放程度进一步提高。在《国务院关于在自由贸易试验区暂时调整有关行政法规、国务院文件和经国务院批准的部门规章规定的决定》中规定,未来自贸区内将允许设立外商独资国际船舶运检、国际船单管理、国际海运货物装卸、国际海运集装箱站和堆场企业,允许外商以合资、合作形式从事国际船舶代理业务,外方持股比例放宽至 51%。

2018 年 3 月 30 日下午,"2018 国际船舶管理行业发展研讨会暨上海国际航运中心发展促进会国际船舶管理分会成立启动仪式"举行。分会旨在错综复杂的国际船舶管理市场环境下,通过有组织的系统化梳理,汇聚行业力量、树立行业标准。对标国际市场、规范行业的服务,优化市场环境、提升行业服务水平,为政府建言献策、为企业发声,搭建政企之间的沟通桥梁,为船东服务、为会员服务,为整个国际船舶管理行业产业链做贡献。分会的成立标志着上海国际航运中心建设在国际船舶管理这一领域开始进入行业企业共同参与、行业标准有序规范、行业服务水平逐步提升、行业交流更加频繁、行业与政府间的沟通更加顺畅的全新阶段。

（五）航运融资发展增速,产业成效显现

2018 年,航运融资租赁市场继续保持高速增长。在沪商业银行、政策性银行、金融租赁公司对航运、船舶制造和港口管理等航运相关企业的授信总额为 3 612.51 亿元,同比上升 4.39%。其中,贷款余额 1 701.53 亿元,同比上升 8.71%;融资租赁余额 506.99 亿元,同比上升 20.66%;经营租赁 548.45 亿元,同比上升 31.07%;其他融资方式为 140.97 亿元,同比增长 5.15%(见表 2 - 21)。

表 2 - 21　上海市航运企业融资业务情况(2014—2018 年)

业务分类	2014 年	2015 年	2016 年	2017 年	2018 年
授信总额(亿元)	2 216.34	2 448.65	2 359.19	3 460.50	3 612.51
贷款余额(亿元)	1 055.93	1 166.87	1 453.74	1 565.22	1 701.53
租赁余额(亿元)	232.98	287.85	399.65	838.60	1 055.44
其他融资方式(亿元)	282.60	211.84	177.23	134.07	140.97

数据来源:上海市金融服务办公室

从产业上中下游角度看,上海各主要银行业金融机构对上游船舶及相关设备制造和修理等企业的授信总额 647.29 亿元,同比下降 12.89%;相关企业实际使用的贷款余额 355.04 亿元人民币,同比下降 20.83%;融资租赁 16.97 亿元人民币,同比下降 4.02%;其他融资方式 23.76 亿元。

对中游公司船务代理和货运代理等企业的授信总额 2029.52 亿元,同比上升 16.32%;相关企业实际使用的贷款余额 790.92 亿元,同比上升 12.93%;融资租赁 966.21 亿元,同比上升 33.60%;其他融资方式 51.22 亿元。

对下游港口及相关物流仓储等临港企业的授信总额 935.71 亿元,同比下降 3.79%;相关企业实际使的贷款余额 555.57 亿元,同比上升 33.43%;融资租赁 72.25 亿元,同比下降 26.06%;其他融资方式 65.99 亿元,同比下降 0.72%。

截至 2018 年底,交银金融租赁有限责任公司、招银金融租赁有限公司、农银金融租赁有限公司和浦银金融租赁股份有限公司、太平石化金融租赁有限责任公司均已获得在境内保税地区设立项目公司开展融资租赁业务的资格,在自贸试验区内共设立了 135 家单船融资租赁项目公司,船舶租赁的金额为 383.39 亿元。2018 年 1 月 29 日,上海自贸试验区融资租赁产业发展服务中心(平台)成立,该平台整合了上海自贸试验区和浦东新区现有各类融资租赁服务团队、力量和资源,发挥政府部门的组织协调优势,以及社会团体、企业的专业能力,为融资租赁企业提供一站式服务。2018 年 4 月,市金融办(原)会同市财政局制定出台了《上海市融资租赁扶持财政政策实施细则》。

（六）航运指数衍生品不断完善,航运话语权日益提升

2018 年,上海航运运价交易有限公司推出的上海出口集装箱(欧洲)运价衍生品自 3 月 6 日起逐步上线,连续 6 个月的交易合同主力合同日均成交量约 2 000 标准箱;上海出口集装箱(美西)运价衍生品主力合同日均成交量约 800 标准箱。2018 年单边成交量达 31 万标准箱以上。

（七）航运研究咨询力量不断壮大,影响力逐步提升

当前,上海集聚了各种类型的航运咨询服务机构,其中包括以市政府发展研究中心、上海航运交易所、上海市交通港航发展研究中心为代表的政府研究机构,以上海交通大学、同济大学、上海海事大学、上海工程技术大学为代表的院校类航运研究咨询机构等。中远海运集团、上港集团等也内设研究部门,为企业发展提供决策咨询。同时,上海交通港航类出版物《中国港口》《中国航海》《航运交易公报(周刊)》《交通与港航》等期刊在国内拥有较高的知名度。

上海航运交易所完成《中国航运发展报告》(白皮书)《年中/年终水运形势报告》《航运交易公报》《视点与研究》等业内专业咨询分析报告;担纲完成了交通运输部委托《中国水运史(1949—2015)》航运服务发展史料收集整理和史稿编写工作;向部水运局提交了《关于降低货主企业海运附加费的相关建议》;完成了多项港航营商环境研究、诚信体系建设等相关课题。

上海国际航运研究中心 2018 年入选"中国智库索引高校智库百强榜",

发布《全球港口发展报告》《全球港航信息化发展报告》，向交通运输部、上海市人民政府等省部级领导递交专报 12 份，承担各类研究课题近 50 项，出版专著《未来航运业颠覆性变革》《集装箱班轮联盟发展模式及竞争机制研究》《基于第三次工业革命的中国海运发展战略选择研究》。与上海市人民政府发展研究中心合作开展"上海市政府决策咨询研究——国际航运中心专项课题"，招标"上海打造绿色航运中心的发展目标与重点举措研究""长三角港口群协同发展的瓶颈及解决思路研究"等课题 5 项。全年共发布国际集装箱、国际干散货、沿海干散货、中国航运景气、全球港口发展、中国航运金融相关领域的报告 100 多份。咨询报告《中国（上海）自由贸易试验区航运制度创新研究》荣获上海市第 14 届哲学社会科学优秀成果决策咨询和社会服务奖一等奖。

上海市交通港航发展研究中心 2018 年承担《上海港口航运行业管理热点与难点问题研究》《江浙港口集团化发展及长江经济带航运联盟对上海港的影响》《上海邮轮产业规范化发展的重点问题研究》等十多项课题。参与编制《上海市落实"交通运输部深入推进长江经济带多式联运发展三年行动计划"实施方案（2018－2020 年）》《"激活芦潮港中心站，促进海铁联运发展"实施方案》。其编制的《上海市交通行业发展报告（2018）》《上海现代航运服务业发展报告（2018）》《长三角内河水运发展报告（2018）》和《上海港航运行季报》等报告，已成为上海国际航运中心建设重要的决策参考依据。

（八）海事教育体系日臻完善，人才队伍日益壮大

上海市共有 18 所高校在本科及以上层次开设航运（含物流）领域的学科专业，其中硕士层次以上的有 6 所高校，博士层次以上的有 2 所高校。15 所高校在专科层次开设航运（含物流）领域的专业。

2018 年，上海海事大学招收航运相关专业本科生 1 666 人，全日制在校研究生 2 118 人，其中博士研究生 79 人，硕士研究生 2 039 人。根据培养方案要求，绝大部分课程设置和研究领域围绕解决航运中心建设的各类问题展开。新增电气工程、船舶与海洋工程 2 个一级学科博士学位授权点；新增

应用经济学一级学科硕士学位授权点;新增汉语国际教育硕士、会计硕士2个硕士专业学位授权点。

该校"厚植航运物流特色、服务海洋强国战略的一流本科专业群建设"项目获批为一流本科建设引领计划首批入选建设项目。交通运输部专项特种船实训平台、央财专项航海专业能力实践基地等18项专项实验室建设项目通过验收,投入教学、科研使用。航海技术、轮机工程、船舶与海洋工程、船舶电子电气、港口航道与海岸工程、会计学、安全工程7个专业先后获上海高校应用型本科试点专业建设立项。军民融合物流研究中心、地下物流技术研究中心、船舶动力工程研究所、智慧海事技术创新中心等相继在校内挂牌。综合改革试点专业建设校企合作课程29门,每门课程由行业企业专家进校承担8课时的本科教学,有效提高教学内容的实践性、新颖性。分阶段、分批次安排约1 673名学生开展航行实习、船厂实习,并派遣专业教师全程管理。

2018年,上海海事大学继续教育学院船员培训部共举办各类培训班221期,培训人数6 605人次。①举办各种类型的特种船培训项目,全年共举办油船和化学品船货物操作基本培训1期、油船货物操作高级培训1期、油船货物操作高级培训知识更新11期、化学品船货物操作高级培训知识更新11期,共计培训学员657人。②继续开展动力定位培训项目,共举办动力定位初级班5期,动力定位高级班5期,动力定位维修班7期,共计培训学员50余人。③申请开办了海船船员适任证书培训师资知识更新培训班,共计有187名来自上海各船员培训机构的老师参加了培训。④开展船员证书知识更新培训。共举办基本安全知识更新53期,精通艇筏知识更新52期、高级消防知识更新52期,共计培训学员5 142人。⑤举办交通运输系统干部培训、海事系统培训、浦东新区城管世博中队干部培训班等各类培训班15期,培训学员844人。

国航促进会和上海市人才服务中心等部门紧密联系,积极推动航运紧缺人才引进及申报,为航运紧缺人才提供指导及帮助。国航促进会和上海人事经理研究中心,举办各类讲座及专业培训 3 场,内容涉及企业管理及心理学 6 场、浦东企业培训补贴政策介绍会 4 场,最新人才政策研讨 3 场。

上海高级国际航运学院创新 EMBA 教育模式,开展"定向 EMBA 教育",将优秀的课程和师资定点输送到有相关需求的企事业单位。上海海事大学－日照港 EMBA 和上海海事大学－钦州 EMBA 班相继顺利开班,共计招生 60 余人。第二个 DBA 项目"上海海事大学－诺曼底商学院 DBA"班成功落地。举办日照港集团第二期青年管理人员高端培训班、上海中远海物流有限公司青年干部培训班、招商局"2018 年共铸蓝色梦想——21 世纪海上丝绸之路优才计划"夏季班等 10 多个项目,为政府部门和各大企事业单位开展培训 900 余人次。

为响应国家"一带一路"倡议,上海海事大学努力拓展与"一带一路"沿线国家开展海事合作,继续深化与马来西亚、缅甸、柬埔寨、越南、孟加拉国、埃及、肯尼亚、南非、坦桑尼亚等国的政府海事主管机关或高校的合作关系,开展海事教育或技术合作。协办"一带一路海事国家船舶能效管理和数据收集高级培训"项目、"一带一路海事国家航海院校师资培训"项目、"中国—东盟航海教育和船员培训质量体系管理研讨班""东亚海图生产数据库系统开发培训"等。

三、航运服务要素高度集聚

(一)陆家嘴航运服务集聚区

陆家嘴航运服务集聚区凭借优越的区位优势,集聚着大量的航运、金融、文化等要素。截至 2018 年 8 月底,陆家嘴金融城汇聚了 1 254 家航运类企业,其中交通运输类企业(包括海运、陆运、空运)共计 107 家,航运制造和维修企业共计 45 家,航运专业服务类企业(包括船代、货代、物流、海事咨询、仓储、船管、航运贸易等)共计 1 102 家。

其中,超大型航运总部机构 3 家,包括中国远洋海运集团、中国船舶工业集团公司、中国经贸船务有限公司;航运保险运营中心 8 家;船舶管理公司

35 家,其中外商独资船管公司 8 家;海事法律服务机构 4 个,包括上海海事法院、海仲上海分会、上海海损理算中心、上海海事司法鉴定中心;全球知名航运功能性机构 4 个,包括 BIMCO、波交所、上海亚洲船级社中心、上海国际海事亚洲技术合作中心。

中远海运集团财务有限责任公司完成工商登记注册正式落户陆家嘴片区,中远海运科技股份有限公司完成集团科技和信息化板块整合并申报区域性总部。另外,中外运冷链物流有限公司作为招商局集团专业冷链物流板块落户陆家嘴。

同时,陆家嘴航运服务集聚区不断打造航运互联网产业基地,基地入驻企业有运去哪、船老大网、运力股份等为代表的航运互联网企业和 BIMCO、航运界网等国内外知名功能性机构。另外,陆家嘴航运互联网专委会在产业基地组织行业交流活动十余场,并接待了新加坡、丹麦、中国香港等地航运互联网企业考察。

（二）上海北外滩航运服务集聚区

上海北外滩航运服务集聚区航运服务业发展势头强劲,已经发展成为要素和规模集聚、功能健全、重点突出的航运服务集聚区。截至 2018 年底,虹口区航运及相关服务企业数量达到 4 642 户,其中装卸搬运和运输代理企业 4 278 户、道路货物运输企业 116 户、水上运输企业 116 户、航运专业服务企业 71 户。全年引进航运及航运服务企业 284 户,其中包括全球十大航运律师事务所之一的英士律师事务所、中远海运小额贷款有限公司、查泰保险公估、冠程（上海）游轮船务有限公司等 21 户高端航运企业落户北外滩。

上海北外滩航运服务中心正式启用,包括中国船东协会、中国船舶油污损害理赔事务中心、上海国际航运研究中心、上海国际海员服务中心（筹）、上海航运 50 人发展研究中心等机构入驻中心。2018 年,在民政部完成注册地变更,正式落户虹口。上海现代服务业联合会邮轮经济委员会在北外滩成立,集聚在虹口的航运功能性机构数量达到 38 家。

2018 年 7 月,"中国航海日"主题活动在虹口区成功举办。中国航海日论坛包括一个主论坛、两个分论坛、四个专业论坛。其中"2018年中国航海日论坛"以"航海新时代,丝路再出发"为主题,探讨新时代背景下的航运事业新发展;"21世纪海上丝绸之路港航合作会议"以新格局、新模式、新技术、新规则为主题,共同探讨全球港航业的机遇和挑战,分享践行"一带一路"的案例;"上海国际航运中心建设论坛"以"上海航运,服务全球"为主题,共谋打造国际航运业的新生态圈;"中国国际海员论坛""中国航运50人论坛""中国引航发展论坛""全球绿色航运论坛"围绕航运业供给侧改革、"一带一路"、中国航海文化和绿色航运理念等方面交流经验。

此外,包括2018新华—波罗的海国际航运中心发展指数、"中国航运50人论坛"2018夏季峰会、2018上海航运交易论坛、2018"一带一路"背景下的开放新格局——港航服务发展论坛、SISI港航发展论坛等丰富多彩的会议在北外滩成功举办,搭建政府与企业沟通桥梁,提升航运企业及从业者对上海国际航运中心的归属感和认同感。

邮轮产业不断发展。2018年9月19日,上港邮轮城被文化和旅游部评为4A级旅游景区。国客中心把握调整升级上港邮轮城重大机遇,依托进口商品展销中心、中高端餐饮美食、邮轮旅游体验中心、码头文化露天博物馆、魔都矩阵滨江绿色生态运动嘉年华等全新项目,打造北外滩滨水时尚新地标。重庆新世纪集团在沪成立冠程游轮有限公司,全年常态化运营长江中下游内河航线产品,旗下"世纪天子"号以上海港国际客运中心为母港开设8天7晚、4天3晚以及2天1晚航线,有效链接长三角旅游资源。蓝梦等本土邮轮公司在虹口设立,开始试水邮轮市场。

同时,上海北外滩积极发展航运电商大数据产业。2018年,北京海兰信数据科技股份有限公司在北外滩设立了专门从事大数据研究的智能化部门,重点围绕智能船数据进行分析研究。2018年10月,区内华瀚(上海)数据科技股份有限公司与上海国际航运发展促进会企业信用评级工作委员会合作,启动了上海现代物流、港航事业等领域行业信用等级评价工作,利用大数据建立信用评价体系。

上海北外滩还在加速打造"上海航运服务"核心品牌。2018 年 7 月 24 日，虹口区发布《提升城区能级和核心竞争力实施意见》，提出虹口区南部北外滩功能区重点对接上海国际航运中心和金融中心建设，将坚持高端航运服务功能的发展定位，深化"航运服务总部基地"建设，提升航运服务的辐射力和航运资源的配置能力，将北外滩打造成为"上海航运服务"的核心品牌，不断增强在全国乃至全球航运产业中的影响力、竞争力。着力完善现代航运服务体系，立足北外滩滨江沿线，围绕霍山路圈和密云路圈打造国际航运交流中心、国际航运人才服务中心、国际航运金融服务中心、航运创新企业服务中心，形成"一线两圈四中心"布局。提升上海北外滩航运服务中心功能，将北外滩航运品牌做成"百年老店"，把北外滩打造成中国乃至全球航运产业，发展的核心"智库"。

（三）外高桥航运服务集聚区

外高桥保税区是 1990 年国务院批准设立的全国首家保税区，集聚贸易企业逾 5 000 家，高桥保税区批准时规划面积为 10 平方公里，位于上海浦东新区，濒临长江入海口，地处黄金水道和黄金岸线的交汇点，紧靠外高桥深水港区，是全国首个"国家进口贸易促进创新示范区"和上海国际航运、贸易中心的重要载体。

此外，经过多年建设，已实现国际贸易、现代物流和先进制造等 3 大核心产业跨越式发展。同时发展服务贸易和离岸贸易，进一步探索国际航运服务、贸易信息服务、代理、结算、保险、电子商务等多方面服务。

保税区成立初期，区内部分企业就开展了以保税仓储为主的物流业务，随着市场需求的变化，保税区物流业务又拓展到仓储配送。在商务部（原外经贸部）和交通部等部委的积极支持下，全国保税区第一家中外合资的物流企业——上海外红国际物流有限公司设立在外高桥保税区。20 世纪 90 年代中后期，基于外资企业市场运作的需求，以"保税——滞后纳税"为特征的分拨运作模式在保税区获得了快速的发展和壮大，为国外商品进入中国市场提供了高效的流通渠道。在分拨业务的刺激和带动下，第三方物流业也得到了蓬勃发展,外高桥保税区已基本形成了以第三方物流企业为主体的现代物流产业体系,集聚了包括美国 APL、英迈,荷兰 TNT,日本近铁、通运和德国飞鸽等世界知名物流企业在内的 1 000 多家物流仓储企业。

经过多年建设,已实现国际贸易、现代物流和先进制造等 3 大核心产业跨越式发展。同时发展服务贸易和离岸贸易,进一步探索国际航运服务、贸易信息服务、代理、结算、保险、电子商务等多方面服务。

(四)洋山—临港航运服务集聚区

洋山—临港航运服务集聚区一方面依托自贸试验区开展制度创新,大幅度拓宽航运服务功能、深化对外开放,以物流技术中心为依托,大力开发贸易、金融等物流的增值服务功能,重点开展进口红酒、高端食品和服装的展示与贸易活动,另一方面建设完善临港配套硬件设施,加快建设区域枢纽型物流基地,其中物流园区规划面积 16 平方公里,着力打造成港口物流、产业物流、特种物流协调发展的综合物流枢纽,极大地推动了上海国际航运中心航运产业链的整体升级。

以物流技术中心为依托,大力开发贸易、金融等物流的增值服务功能,重点开展进口红酒、高端食品和服装的展示与贸易活动。继续推动特种物流基地建设,加强危险品二期和冷库二期的招商工作;仓储转运区内剩余两个地块加快推出,吸引高端航运物流企业入驻;国际物流园区内建筑面积达 20 万平方米的三层仓库建成并开始招租。

2019 年 2 月,浙江海港集团和上海港务集团就在上海签署了小洋山综合开发合作协议,以股权合作方式对小洋山进行开发运营。双方合资后的盛东公司作为小洋山北侧唯一开发、建设、运营和管理主体。浙江利用规划审批等权责,支持建设洋山航运服务集聚区,吸引国内外航运服务企业在此注册和发展。航运产业集聚产生规模经济,为航运服务业集聚提供内生动力,促使集聚区域内部企业之间的交流,并节约交易成本,不断壮大集聚产业。

2019 年 8 月 6 日,国务院发布《关于同意设立中国(上海)自由贸易试验区临港新片区的批复》。根据批复内容,舟山小洋山岛全域被列入中国(上海)自由贸易试验区临港新片区先行启动区域,以投资自由、贸易自由、资金自由等为重点,推进投资贸易自由化便利化。推动统筹国际业务、跨境金融服务、前沿科技研发、跨境服务贸易等功能集聚,强化开放型经济集聚功能。这种良好的政策环境为洋山—临港区域的航运服务集聚提供了外生动力。

(五)浦东机场临空服务集聚区

目前,浦东机场临空服务区已形成集聚效益,航空服务贸易产业规模持续扩大,航空金融租赁企业密集落户。截至 2018 年底,机场综保区累计引进融资租赁企业 522 家,其中 SPV 项目公司 323 家,母公司 199 家,注册资金133.2 亿美元;各类分拨中心在区内租赁仓库占总仓库租赁比例达 60.0%左右。

与此同时,中国商用飞机有限责任公司(以下简称“商飞”)总装制造中心浦东基地实现民用飞机量产,C919 大型客机转入工程制造阶段,累计订单815 架;ARJ21 新支线飞机投入航线运营,累计订单 528 架。

浦东机场引入智能科技,提升旅客出行的体验,启用了出租车智能调配系统,保证高峰时段旅客 20 分钟内上车;启用了非法营运行为智能人脸预警系统,有效打击黄牛揽客和黑车拉客现象。

(六)虹桥机场临空服务集聚区

2016 年 12 月,经国家发改委、民航局批准,长宁区正式设立“上海虹桥临空经济示范区”,涵盖虹桥临空经济园区、虹桥机场东片区及虹桥机场作业运营区,规划范围北起天山西路、苏州河,东临淞虹路、外环线,南至沪青平公路,西迄七莘路,占地面积 13.89 平方公里,其中虹桥国际机场运营作业区 7.15 平方公里。2018 年,示范区新注册 458 家企业,引进东航食品投资有限公司、东航电子商务有限公司、上海吉祥航空物流有限公司等一批优质航空类企业。航空服务业保持良好发展态势,152 家重点监测企业完成全区税收 64.3 亿元,同比增长 3.6%。

随着科学技术的飞速发展和智慧出行理念的不断深入,虹桥机场临空服务集聚区内智慧出行产业生态已悄然形成。不完全统计,示范区现有智慧出行产业企业 53 家,涵盖航空、汽车、智能平台、公共交通等领域,2018 年实现综合税收 50.83 亿元,同比增长 131.18%,占示范区综合税收比重达 41%,与上海市长宁区 3+2 重点产业形成呼应,并拥有智慧出行领域的龙头企业携程旅行网。成立于 1999 年的携程现有员工 30 000 多人,2003 年在纳斯达克上市,目前市值 230 亿美元,已成为全球市值第二和亚洲市值最大的在线旅行服务公司。

2018 年发布的《上海虹桥临空经济示范区发展规划(2018—2030 年)》中提出,上海将力争在 4 年左右的时间,将虹桥临空经济示范建设成为国际航空枢纽、全球航空企业总部基地、高端临空服务业集聚区、全国公务机运营基地和低碳绿色发展区。规划提到,示范区将建设面向未来的现代航空港区,形成"一核三区"的总体布局。其中,"一核"指的是虹桥机场 1 号航站楼精品航站区,主导功能包括值机、安检及交通集散等机场航空地面服务。"三区"由西至东分别为机场作业区、航空管理与航空服务业集聚区以及临空服务业集聚区。

第三节　智慧港航建设现状

面对长三角一体化发展战略,港航业需要通过融入科技创新建设,推进信息化布局以协同推进上海国际航运中心建设以及长三角区域一体化航运发展。因此,发展智慧港航成为上海国际航运中心建设的重要内容。通过信息共享和技术合作,可以进一步增强港口群综合竞争力。

目前,上海智慧港航建设方面发展迅速,并不断推进新兴技术创新,取得了瞩目的成绩。上港集团积极运用"互联网+"思维,利用"大、云、物、移、智"等信息化技术,建成了全球最大智能化码头,建设了港口受理中心平台、"e 卡纵横"集卡预约平台、上海口岸电子 EIR 平台、长江集装箱江海联运综合服务信息平台等,积极打造平台经济。同时,上海航运电子商务发展不断创新,各种业务模式与"互联网＋"相结合,开拓新业态。

从长三角港航信息资源整合与共享情况来看,长三角港航信息资源整合还是以政府和第三方企业主导建设的平台为主,港口企业重点建设各自内部信息资源共享体系,港口与港口之间的信息资源共享处于起步阶段。

一、港航信息化建设进程加快

从 2014 年到 2018 年,上港集团的研发投入从 2 723 万元一路增长至 5 156万元,增幅接近 90％。通过加大研发投入力度,上海港以技术创新不断降低运营成本,提高运营效率。

上海港"E 卡纵横"集卡服务平台持续推进。"E 卡纵横"集卡服务平台已实现提重箱、进重箱、提空箱等预约功能于一体,实现码头、堆场与车队作业数据的即时共享模式,注册车队 2 000 多家,注册车辆超 40 000 辆,移动端App 用户近 50 000 人,日均活跃用户过万,码头平均预约兑现率超 90％。

上海港持续推进 EIR 无纸化作业。2018 年,上海港围绕港区作业生态,持续推动各项平台建设,EIR 平台已在全港范围内推行,实现了无纸化作业,提升了码头和车队运营效率。目前已完成平台业务标准化、接口标准开发和基础传输平台搭建,实现所有业务实体信息接入和共享的全流程操作,平台涉及的主要业务有"空箱调运""进口提重还空""出口提空还重"等,截至 2018 年底,电子 EIR 平台注册用户超 3 500 家,注册司机近 39 000 人,运营车辆约 36 000 台。

2018 年,上海港持续推进上海受理中心建设,开放了"出口改单业务"的网上受理,实现了通过实名认证客户的出口改配、改港业务的网上受理功能,推进出口重箱预进港业务的线上受理,在部分码头实现了预进港业务的网上受理,网上受理占比达到 94％。盛东公司与受理中心、海勃公司联手开发了网上受理预进港系统,客户可以直接在手机平台或受理中心的网页进行预进港等业务的交费和排班计划。

上海港"港航纵横"平台链接上海港本地 8 家专业集装箱码头及长江流

域沿线14家集装箱码头,并链接了意大利与日本部分港口,实现船、箱、货全球实时跟踪查询的免费信息服务,日均点击量超100万次,实现全物流跟踪可视化＋箱动态标准化查询。

此外,2018年上海港的长江集装箱江海联运综合服务平台基本实现注册用户的数据标准化,完成平台数据交换服务、大数据集中、门户建设、船舶实时信息跟踪等功能开发,目前重庆至九江段已投入试运行,上海段已完成部分码头测试。

港口方面信息化建设成果累累,而在发展智能航运方面,上海国际航运中心有着良好的产业基础和丰富的应用场景。比如在智能船舶方面,2018年8月,我国首艘自主研发设计建造的极地科考破冰船——"雪龙2号"下水。"雪龙2号"采用了国内领先的智能船舶设计,在其船体和设备上,共安装设置了7 000多个智能感应点,集智能航行、智能能效、智能机舱、智能船体为一体。

2019年5月,由中船集团旗下沪东中华为中远海运集装箱运输有限公司建造的13 500标准箱集装箱"中远海运荷花"号在长兴造船命名交付。这是沪东中华系列智能集装箱船的第一艘,在智能船舶发展历程中具有里程碑的意义。

智能航海保障也是智能航运的优先发展方向。随着人工智能算法的逐步完善,以及大数据分析、云计算的成功应用,未来航运对人的依赖越来越少,船舶交通管理的效率越来越高。当前,上海正在积极打造国家人工智能发展高地,人工智能与航运的结合必然会催生很多新产品、新业态和新平台。

如上海一家创业企业迈润智能科技开发的航道和船舶安全可视化系列产品,利用人工智能光学感知技术,能够通过精准、快速地对感知物体进行直观判断和决策预警,从根本上减少航运安全事故的发生概率,大幅降低船员的工作强度。

二、航运电子商务模式不断创新

长三角区域内港航电子商务平台发展迅速,并呈现百花齐放的态势,据不完全统计,目前国内各类型的航运互联网平台超过 200 家,有超过一半的平台是在长三角地区,大多集聚在上海、宁波和杭州,涉及船舶、货运、客运、金融、信息服务等多种类型的创新发展模式,而第三方创建的平台更容易实现信息资源的整合与共享。下一阶段航运互联网平台呈现以整合航运资源为基础,结合大数据建设,实现资源的最优配置的趋势。

2018 年,上海航运电商平台不断创新,服务功能逐步深入,第四方物流、船舶服务、航运金融是当前发展的热点,资本市场对于航运创新平台持续关注。同时,上海开始探索区块链技术如何助力上下游业务协同,以确保业务运作的高效性和安全性。

从各航运电商平台的发展情况中可以看出,首先,运输类平台模式创新日趋成熟,第四方物流平台异军突起,众多平台开始从用户视角深度改造航运业业务模式,结合强大的信息能力进行赋能,不断提高服务的品质、内容和覆盖范围;其次,船舶服务类平台发展方兴未艾,提高服务的同时也在不断推进全球化网络布局;上海在航运金融服务等方面的"互联网+"模式同样在不断探索并实现应用落地。与此同时,航运区块链创新蓄势待发,主要围绕单证无纸化、融资、保险、货物追踪溯源等方面应用进行探索。

运输类平台主要围绕在线订舱、在线租船、多式联运、港口物流等业务进行,并且不断向第四方物流领域延伸。中外运华东海运订舱平台推出智能订舱产品"7×24 闪订管家",携两大服务升级在"海运订舱网"重装上阵。至此,"闪订管家"的服务已覆盖 CMA、HPLD、MSK、MCC、SAF 五大业务伙伴。

3 月,"运去哪"的"拼箱头等舱"业务迎来了中远海运的入驻,其平台已全面覆盖北美、欧洲、亚太等全球近 60 个国家和地区;8 月,"运去哪"上线了拖车追踪功能,接入北斗导航系统,每票拖车订单都可通过"运去哪"物流管家 SaaS 系统实时查询车辆位置、预计到厂时间、预计抵港时间等信息,到厂前还有短信推送提醒,实时掌控拖车动态。

集卡运输平台"鸭嘴兽"推出了"准时达""春节运力保障"和"银票支付运费"三款产品。"准时达"服务,向客户承诺"迟到 1 分钟,加收运费双倍返还";"春节运力保障"服务是基于客户订单数据,通过算法计算,为客户提供运力保障额度;"银票支付运费"服务是为了解决客户资金紧张问题。

在船舶服务方面,6 月,"思舶网"与韩国造船海洋设备工业协会(KOMEA)在釜山举行了战略合作签字仪式。"思舶网"接下来将与KOMEA 一起加强韩国设备在国际市场上的推广,同时推动韩国设备企业在中国市场的采购。7 月,"思舶网"南通服务中心成立,加速其全球卖家服务网络布局。

航运金融服务方面,"运链"和上海银行浦东科技支行签署银企合作授信协议。"运链"平台将向中国国际物流供应链的中小微上下游企业提供基于大数据风控模型的国际物流供应链金融服务。

2018 年,上海率先成立第一家航运区块链平台"MarineX",其第一阶段将重点聚焦在全球集装箱开放式分享平台方面的探索与实践,利用物联网、人工智能与区块链等数字技术,提高集装箱的使用效率,降低全球的空箱调运成本;11 月,迪拜环球港务、和记港口、PSA 国际港务、上港集团、达飞、中远海运集运、长荣海运、东方海外、阳明海运等 9 家港航企业以及CargoSmart 共同签署意向书,打造航运业区块链联盟(GSBN),并推出基于分布式账本技术的开放数字平台 The Maritime Executive。

资本市场对于航运创新平台持续关注,2018 年 11 月,"运去哪"获住友商事亚洲资本 B1 轮战略融资;2019 年 2 月,完成由 Coatue 领投的数千万B2 轮融资。"运链"完成 1 000 万美元 A2 轮融资,该轮融资由阿米巴领投,SIG 海纳亚洲跟投。"鸭嘴兽"完成 A 轮融资 3 000 万元。船舶服务商平台E-PORTS 宣布获得数千万元 Pre-A 轮融资,投资方为招商局创投。2019 年1 月,神海航运获万豪投资 3 000 万人民币的 Pre-A 轮融资。

三、智慧航运监管不断完善

面对智能航运发展,行业监管部门在信息化服务和辅助行业管理方面不断创新,通过大数据分析、云计算、物联网、北斗导航、航海保障等技术手段,不断提升航行安全风险防控和风险监测预警能力,同时针对智能航运发展不断建立和创新监管模式。

危险货物智能监管不断强化。结合自动化码头智能化、信息化运营的特点,洋山港海事局与洋山深水港四期码头联合开发"E核载"船载危险品集装箱智能监控系统,该系统能够自动提取船舶载运的危险货物信息,并根据《国际海运危险货物规则》的相关要求对船载危险货物的积载、隔离情况进行核查,实现自动抓取、自动比对、自动提醒的功能,提升海事智能化监管水平。通过建立海事-码头数据共享机制,实现了对船载危险品集装箱的智能化监管,提高了危险货物运输的安全监管实效。

电子巡航系统功能不断拓展。上海海事局不断拓展电子巡航系统功能,如接入AIS数据,根据AIS英文船名匹配船舶档案,关联船舶的登记、安检、报告、查验、防污染作业、在船船员、危货申报、检验等信息。同时,还根据不同的监管规则,对特定类型或分组船舶,在特定区域的活动进行监管和预警预控。电子预警功能,实现了辖区通航风险预防预控,将很多事故消除在萌芽状态,大大降低了事故隐患;电子纠违功能,加强了违章的查处力度和震慑力,形成了通航管理的高压态势,通航秩序明显优化;电子巡航功能,实现辖区通航态势的全面掌控和重点监管。

船舶安全监督系统投入应用。近年来,上海海事局开展了船舶安全监督选船机制研究及其系统开发应用,对"船舶安全监督目标船舶的因素选取""船舶安全监督""目标船舶的选择标准"等进行了深入研究,完成了"中国籍船舶评估算法""中国籍船舶现场执法流程""港口国监督(PSC)现场任务流程"的设计,并通过大数据综合集成应用,形成"船舶安全监督综合支持系统",经过四年多的现场运用,效果良好。

第四节　绿色航运发展现状

一、实施船舶排放控制区管控措施

近年来,上海市对进入排放控制区和靠港船舶的燃油含硫量采取了严格的限定措施。自 2017 年 1 月 1 日起,上海市公务船、黄浦江旅游船、客渡船、港作船、环卫船以及在黄浦江核心区段和苏州河(中环线以内航段)中航行、停泊、作业的船舶使用的柴油的硫含量应不高于国Ⅳ标准车用柴油;2018 年 8 月 27 日,上海海事局和上海市地方海事局要求,上海港自 10 月 1 日起提前实施在航船舶排放控制措施。同时,上海要求内河船和江海直达船应使用符合 GB252 标准的柴油,禁止使用船用残渣油。这些措施对改善建设起到了明显作用(见表 2-22)。

表 2-22　上海限定船舶燃油含硫量对减少大气污染物的实际效果

控制措施	PM$_{2.5}$ 减少比例	SOx 减少比例	NOx 减少比例
靠港船舶使用硫含量≤0.5%的燃油	7.4%	11.8%	1.2%
靠港船舶使用硫含量≤0.1%的燃油	11.7%	26.4%	1.2%
进入排放控制区角舶使用硫含量≤0.5 燃油	45.6%	44%	3.2%
进入排放控制区船舶使用硫含虽≤0.5%的燃油 靠港船舶使用硫含量≤0.1%的燃油	48.7%	56.7%	3.2%
进入排放控制区船舶使用硫含量≤0.1%的燃油	65.7%	93%	3.2%

数据来源:上海市交通委员会

二、创新绿色监管措施

为了对在航船舶使用燃油硫含量进行有效监测,浦东海事局在使用无人机监测船舶使用燃油硫含量方面取得突破,2019 年 7 月 15 日,浦东海事局首次利用无人机查获在航船舶使用燃油硫含量超标案件。该方案在船舶尾气高效遥测方面取得了突破性的进展,目前自主研发的船舶尾气检测吊舱已获得上海市计量测试技术研究院的认证。尾气遥测数据与登轮取样实测数据误差基本上控制在 0.05%(m/m)以内,达到国际领先水平。同时,实现燃油硫含量超标目标船快速筛选,开发了船舶尾气监测信息平台,建立了"固定点筛查—无人机核查—执法人员登轮实查"的监管新模式。改变以往盲目登船抽取油样的监管方法,提高了海事执法效率,提升了港口通航效率,促进了上海航运中心建设和自贸区绿色经济发展。

三、加快港口岸电建设

根据《上海市港口岸电建设方案》,2019 年,集团统一组织开展岸基供电项目建设,浦东、振东、沪东、明东、盛东、冠东、海通公司岸电建设方案已完成备案程序,计划到 2020 年底前完成全部岸电建设任务。2019 年 1 月,上海港成功为中远海运集团 20 000TEU 级超大型集装箱船舶"中远海运人马座"轮接用岸电,此次船舶岸电连续供电 6 小时,共计 13 200 度。这是该级超大型集装箱船在全球首次接用岸电成功,标志着冠东码头高压变频岸电上船相关技术和工程保障能力已达到世界先进水平,展示了公司对港口设施进行科技改造后的先进技术成果,为国家推进绿色港口建设、推行节能减排作出了积极贡献。

四、推进 LNG 加注码头规划建设

截至 2017 年底,上海国际港务(集团)股份有限公司下属港区内共有集装箱卡车 1 253 辆,其中 896 辆已更换为液化天然气(LNG)牵引头。港区已

完成75%的RTG设备电动化改造,并有91艘LNG动力船在内河营运,主要业务范围为煤炭、纸浆、钢卷、矿石等散货运输以及上海市内城市生活垃圾运输、渣土等建筑垃圾运输。截至2019年底上海港内场集卡牵引车LNG应用比例达到90%,混合动力RTG比例达到87%。

五、开发启用"上海港船舶防污染作业报告系统"

上海港开发启用"上海港船舶防污染作业报告系统",实现从污染物接收、水上转驳、水上转运及上岸处置的全流程闭环监管。同时,启用"危防现场检查智能选船"系统,通过实时抓取作业船舶动态,对各项危防作业数据信息进行集成分析。2017年,上海市共开展排放控制区相关检查4 085艘次,开展燃油取样送检541次,发现并处理靠岸停泊期间未按规定使用低硫燃油的行为48起。持续加强船舶燃油使用情况检查,积极落实普通柴油国IV和国V新标准,并联合质监部门专项监管船用燃油供油质量。

第五节　面临的瓶颈问题

目前,长三角区域一体化建设已经上升为国家战略和经济研究领域的重点问题,是国家建设世界级城市群和参与全球竞争的重要空间载体。长三角区域航运业在积极蓬勃发展,朝着建设全球航运中心的目标发力。然而也存在许多问题,长三角区域港口众多,港口竞争激烈,上海港和宁波舟山港之间存在严重的交叉腹地,上海市和浙江省关于继续开发洋山深水港的意见并未达成一致;航运企业国有资产控股,缺乏市场活力;上海航运服务业距离伦敦和新加坡的差距依旧较大,尤其在航运经济服务、海事法律服务等方面距离香港也有一定的差距。这些问题,一定程度上制约着上海国际航运中心以及长三角一体化的发展。

一、区域港口同质化竞争

长三角地区港口众多，是我国沿海 5 个港口群中港口分布密集、吞吐量最大的港口群，包括诸如上海港、宁波舟山港、苏州港、南通港、连云港港、南京港等港口。由于港口地理位置接近，且部分港口功能相似，形成比较严峻的竞争格局，不同港口之间难以通过分工合作实现错位发展。上海与长江沿线港口的信息联动方面层次较低，港口与港口之间的信息资源共享处于起步阶段。由于缺少统一的布局规划，目前并未形成各港口间合作分工的基本架构，更多的是自成体系、各自为战，港口重复建设和港口功能趋于同质化，浪费了有限的深水岸线资源。

其中竞争较为突出的是上海港与宁波舟山港的竞争。两港同属长三角地区且相距不远，因此经济腹地纵横交错，比如浙北湖州、嘉兴的货物可以走省内的宁波舟山港，也可以走上海港；两个港口的功能定位也类似，上海港的货种主要是集装箱和钢铁煤炭等大宗物资，宁波舟山港的货源主要是集装箱和进口矿石、煤炭、进口原油等大宗物资，两港在集装箱以及部分大宗货物运输方面形成竞争；两港班轮航线交叉重叠，上海港开辟集装箱航线285 条，航线遍及全球各个区域，而宁波舟山港不断开辟新航线，集装箱航线达到 255 条，在航线布局方面与上海港也形成一定的竞争格局。综上所述，随着上海港和宁波舟山港业务的不断发展，势必会在功能相近的业务方面产生竞争格局。

在洋山深水港开港运营的同时，浙江和江苏在推进港口一体化建设，从而使得上海、浙江、江苏三地港口竞争呈现加剧之势，在这样的态势下，区域合作协调机制和总体规划难以落地，各港口依然各自竞争性发展，区域功能分工和错位竞争不明晰，一定程度上阻碍了长三角港口群整体效能的发展。

二、港口群协作方式仍需进一步优化

目前，长三角港口群一体化发展已经取得较大进展，港口集团数据中心建设不断推进。但在协作方式上仍需进一步优化,长三角港口群缺乏一个统一有效的港口信息协作平台,港口之间数据整合共享难度大,如数据种类繁多、数据质量不高、数据获取接口不统一、数据统计口径、分类代码和考核标准相互独立等问题还有待解决。应加强长三角区域港口信息联动和业务联动,搭建有效统一的港口协作平台,开放数据共享,实现相关业务的互联互通。

上海与长江沿线港口的信息联动方面处于发起阶段,9家港口集团以及5家航运企业共同发起成立了长江经济带航运联盟,近期,上港集团建设的长江港航信息平台初具雏形,同时在不断推广,但是依然面临整合方面诸多问题。信息的封闭并不是技术原因造成的,而是思想观念陈旧、合作意识不强以及缺乏完善的信息互联合作机制等原因造成的。

同时,随着互联网+航运的不断发展,各级管理部门纷纷推出公共信息服务平台,然而这些平台存在信息上传不畅,数据无法对接、缺乏后续维护等问题,很难让原本规划愿景很好的设想实现其真正的价值,甚至还会给企业增加额外的负担。

三、港口集群内部缺乏有效的合作机制

目前,在长三角港口群资源整合的努力下,港口群正在逐步形成以上海港为中心,宁波舟山港和江苏的港口为两翼的港口群格局。然而,长三角港口群中,一方面,各港口之间存在交叉的经济腹地,港口之间竞争激烈。同时,不同港口之间存在着不同的行政区域分割,进一步减少了港口间的合作机会。虽然长三角港口之间开展了较多合作项目,但是大部分合作都是出于竞争目的,实质性的合作只停留于表面。从总体上来说,长三角港口群缺少有效的长期合作机制,港区之间实质性合作很少。

四、航运管理体制有待进一步理顺

目前,长三角港口群成立了上海组合港管理委员会办公室,成立20周

年,工作成效显著。但上海组合港的主要作用是"协调"长三角区域港口一体化发展,在"协调"工作推进中缺乏强制性,加之跨行政区域的港口协作管理难度大,且实施方案效果不理想,应赋予上海组合港一定的行政管理职权,进一步理顺长三角港口一体化发展的管理体制。

五、区域高端航运服务产业链不够成熟

长三角区域内航运服务产业主要积聚在上海,虽如此,上海航运服务业和新加坡、伦敦等国际航运中心依然存在差距。上海国际航运中心建设至今,吸引了众多国际航运企业入驻上海,包括中远海运集团、招商轮船等等。与香港相比,可以明显看出,入驻上海的国际航运企业尽管有央企也有地方企业,但基本上都是国有资本,而入驻香港的国际航运企业的资本组成多样,既有中国大陆的央企、省属国企以及地方国企,也有来自全球、大陆和本地的私人资本。可以发现,上海国际航运中心航运生态对于海外资本和私人资本的吸引力不足,入驻的企业资本属性比较单一。

长三角区域内高端航运服务产业链不够成熟,如航运融资方式单一,主要依赖于商业银行,且没有船舶融资专用市场及产品,债权融资市场对于传播类融资种类也较少,没有专用融资产品;中资航运金融机构服务水平较低,相关金融业务还不完善,融资、保险、租赁等业务发展缓慢;租赁业务发展专业化、特色化程度仍需提高,当前金融租赁公司对租赁市场的细分程度不够,产品结构设计较为简单,与银行存在一定程度的同质化竞争;航运金融衍生品刚刚起步,主要集中在上海,同时,缺乏规避航运价格波动风险的更多工具,不利于航运企业的风险控制。

六、自贸试验区航运功能尚未完全释放

一是上海自贸试验区航运功能与制度对长三角辐射力度不足,自贸试验区先行先试的航运功能与制度在长三角复制推广程度不高,与长三角航运的互动程度不强。例如长三角船舶保税油供应产业链尚未形成。

二是上海自贸试验区航运功能与制度与一带一路战略融合度不高,自贸试验区现行的航运功能与制度在"一带一路"中尚未充分发挥效能。例如"一带一路"沿线货源的中转集拼业务规模较小。

七、多式联运基础设施仍然存在短板

一是港口集疏运体系存在结构性失衡,公路运输仍是港口集疏运的主要方式,铁路运输占比较低(见表2-23)。二是缺乏综合性的多式联运转运枢纽——目前多是水水、公水中转。三是城市转运枢纽功能尚待优化,如:舟山江海联运服务中心和南京区域性航运物流服务中心存在功能重叠现象。

表 2-23   2015 年长三角主要港口集装箱集疏运结构(%)

主要港口	铁路集疏运	水路集疏运	公路集疏运
宁波港	0.97	22.8	76.3
上海港	忽略不计	45.0	55.0
南京港	1.0	63.6	35.4

资料来源:南京港、宁波港和上海港官方网站

八、港口城市之间协调度不高

一是各城市的港口发展尚未形成错位机制,内部竞争激烈、综合竞争力不强;二是三省一市航运发展规划大多立足于本区域,尚未着眼长三角整体。宁波、南京和上海分别提出的目标是"国际港航物流服务中心""区域性航运物流中心"和"国际航运中心",但这些发展目标仍更多侧重于各自城市航运业的发展;三是各城市在构思"一带一路"的需求和对接举措时,缺乏足够的深层次协调。

九、航运业与其他行业之间协同不足

一是长三角航运业内部港航企业尚未形成联动机制。港航企业在"一带一路"背景下实施"走出去"策略时，仍是各自为政，协调不够，这将阻碍长三角港航企业做大做强海外业务。

二是长三角航运业与其他产业尚未形成互动机制。港航企业与货主企业之间尚未建立供应链合作关系，导致海外投建港口的利用率和丝路沿线运输船舶的使用率不高。据南京远洋股份有限公司反映，该公司承担了"一带一路"沿线件杂货运量的90％，但由于与国内货主企业尚未形成紧密的长期合作关系，面临的经营风险较大。

十、航运复合型人才缺乏

航运复合型人才的缺乏也是整个长三角区域面临的共同问题，长三角港航产业发展涉及港口管理、航运管理、航运金融、航运法律、航运保险、航运信息化等诸多软硬实力建设，这需要大批航运复合型人才的有力支持。这些航运复合型人才需要即拥有各类服务相关知识，又了解航运业相关知识，并将其结合应用在航运服务业中。航运业作为一个国际性的行业，航运复合型人才需要航运业务知识和英语交流能力以及各种相关航运服务领域知识，这也进一步要求该行业人才的知识结构综合性。在航海教育方面也需要进一步创新，建立多元化航海教育体系，加强不同业务领域交叉学习，鼓励学生选取第二专业课进行学习。同时，航运业中校企合作培养模式缺乏，要鼓励有条件的企业及其他社会力量参与航运复合型人才的培养和培训。

第三章

内河流域航运一体化背景下航运中心建设的
国际经验

莱茵河和密西西比河分别作为欧洲和北美地区主要内河航道,是世界上航运功能较为完善的两大河流。两大内河沿岸密布大城市、工业区,良好的航运条件和城市依托造就了发达的内河航运业,同时具有统一联动、责任分工明确、统筹立体的面—轴—点的流域管理体制和航运一体化管理模式。莱茵河和密西西比河全流域航运一体化不仅促进了全流域船舶航行自由,还促进了全流域航运业协调发展。莱茵河和密西西比河通过统一制定全流域航运规则为流域航运业协调发展提供了坚实的保障,通过联合成立航运管理机构为流域航运业联动发展提供了坚强的组织保证,通过共同构建航运信息服务体系为流域航运业协调发展提供了强大的信息支撑,通过重点打造辐射全流域航运服务的航运中心为流域航运业协调发展提供了重要载体,通过合力出台遍及全流域航行船舶的排放标准为流域航运业协调发展提供了可持续性保障,通过一致整合流域内跨区域的内河码头资源为流域航运业协调发展提供了借鉴模式。

第一节　莱茵河流域航运一体化背景下航运中心建设的主要做法

作为世界上最重要的工业运输大动脉之一,莱茵河发源于瑞士境内的阿尔卑斯山,干流流经瑞士、列支敦士登、奥地利、法国、德国以及荷兰6个国家,最后在鹿特丹注入北海。流域面积18.5万平方公里,干流全长1 320千米;且自瑞士巴塞尔起通航里程长达886千米,干流航道已完全渠化,是世界上航运最繁忙的河流之一,享有欧洲"黄金水道"的美誉。

一、拥有辐射整个流域的船舶融资和保险服务

作为莱茵河入海港口和典型国际航运中心,鹿特丹港具有辐射整个流域的船舶融资和保险服务,对莱茵河流域船舶融资和保险服务协调发展起到十分重要的作用。

航运金融领域,鹿特丹港主要依托8家航运金融机构为整个莱茵河流域提供船舶融资服务,如ING是于1991年由荷兰国民人寿保险公司和荷兰邮政银行集团合并组成的综合性财政金融集团,提供广泛的船舶融资服务,并在航运、港口和物流领域拥有长期的经验,主要航运金融机构见表3-1。

表3-1　鹿特丹港辐射莱茵河流域的主要航运金融机构

排名	机构名称
1	ING
2	ABN AMRO Bank N.V.
3	BNP Paribas S.A.
4	DB&S Corporate Finance
5	Friesland Bank Rotterdam
6	N.V. Nationale Borg-Maatschappij
7	Plimsoll Corporate Finance
8	Rabobank Rotterdam

资料来源:鹿特丹港官方网站(http://www.rotterdamportinfo.com)

在航运保险领域,鹿特丹港还依托25家航运保险公司为整个莱茵河流

域提供航运保险服务,并拥有辐射莱茵河流域的航运保险协会,即成立于1874年,总部设在鹿特丹的国际莱茵河船舶注册协会(IVR),广泛代表了莱茵河的内河保险业、造船业和航运业及其他相关者的整体利益,主要航运保险公司见表3-2。

表3-2　鹿特丹港辐射莱茵河流域的主要航运保险公司

排名	公司名称
1	Marsh Nederland
2	Allianz Nederland Groep N.V.
3	Aon Nederland
4	Arntz van Helden B.V.
5	Carl Rehder Nederland B.V.
6	Concordia Holland
7	Crawford & Company (Nederland) B.V.
8	Cunningham Lindsey Nederland
9	Dutch P & I Services B.V.
10	Erasmus Leven
11	Euler Hermes Interborg
12	Van Ginkel & Co. B.V.
13	Havelaar & Van Stolk B.V.
14	HDG
15	HDI-Gerling Verzekeringen N.V.
16	Hudig & Veder (P&I) B.V.
17	Interlloyd Averij B.V.
18	ISA (Benelux) B.V.
19	JMS Joint Marine Service GmbH
20	Lokker & Reitsma Register Experts

资料来源:鹿特丹港官方网站(http://www.rotterdamportinfo.com)

二、统一制定适用全流域的航运法律及服务体系

除了德国、比利时、法国、英国、荷兰和瑞士六国签署的《莱茵河航行公约》及其修订本外,莱茵河航行中央委员会(CCNR)还出台了适用莱茵河全流域的航运服务相关法律,如《危险品运输条例》《船舶和船员检查条例》《检疫条例》等。欧洲交通委员会也制定了适用包括莱茵河流域在内的欧盟地区统一的引航法、货运运输法和码头装卸法、港口进出口法、港口服务市场法等航运相关法规。

鹿特丹港拥有 19 家航运法律服务商,如 Van Dam & Kruidenier Advocaten 是鹿特丹历史最悠久的律师事务所之一,拥有航运法律领域的百年服务经验,尤其是在莱茵河等内河航运领域,经历了内河船舶从木帆船到投资百万美元现代船舶的转变,客户包括船东、船舶运营商、造船厂、船舶供应商、经纪人等航运业界主要参与者,具体见表 3 - 3。

表 3 - 3　莱茵河流域鹿特丹港的航运法律服务商

排名	机构名称
1	Van Dam & Kruidenier Advocaten
2	Hampe Meyjes Advocaten
3	Hubel Marine B.V.
4	Jumelet Verhagen Advocaten
5	Loyens & Loeff N.V.
6	Van Traa Advocaten N.V.
7	AKD
8	Banning Advocaten
9	Buren van Velzen Guelen BV
10	Van Gog Van Rijsbergen advocaten
11	Houthoff Buruma

（续表）

排名	机构名称
12	Justion Advocaten
13	Kernkamp Advocaten
14	Kneppelhout & Korthals Advocaten
15	Langelaar Klinkhamer Advocaten
16	NautaDutilh
17	Schipper Noordam advocaten
18	Smallegange N. V.
19	Sørensen Weijers&Ko

资料来源：鹿特丹港官方网站（http://www.rotterdamportinfo.com）

三、构建完善的流域性综合航运信息服务体系

由于航运信息服务对流域航运服务业联动发展起到非常关键的作用，莱茵河流域各国着力构建了完善的流域性综合航运信息服务体系。在航运专业期刊方面，主要包括位于莱茵河流域的重要港口——荷兰鹿特丹港的《运输杂志》（NT）、德国杜塞尔多夫港的《航海杂志》（SM）、法国斯特拉斯堡港的《莱茵河航运、港口与工业》（NPI）、瑞士巴塞尔港的《国际运输杂志》（ITJ）；在航运信息发布方面，成立于1909年的普氏能源资讯（Platts），是全球领先的能源、石油化工和金属信息供应商，重点提供莱茵河流域的石油和液体化工产品驳船运输价格，如较低的莱茵河水位对驳船运费率的影响，尤其是从鹿特丹港到卡尔斯鲁厄港以及更上游科布伦茨港的每吨货物运费率每周变化幅度。此外，成立于1982年的彭博（Bloomberg）是全球商业、金融信息和财经资讯的领先提供商，也将莱茵河流域的航运信息服务作为业务重点，如发布有关莱茵河流域成品油运价信息等。

四、联合成立覆盖全流域的航运管理机构

为确保莱茵河流域的船舶航行安全,流域各国联合成立了覆盖该流域的航运管理机构,为莱茵河流域的船舶运输业联动发展提供了组织保证。总部位于莱茵河中游港口斯特拉斯堡的莱茵河航行中央委员会(CCNR),成员包括荷兰、比利时、德国、法国和瑞士五国,每个成员国均拥有否决权,主席国由成员国轮流担任,财政则由五个成员国平均分担;主要负责制定和修改与莱茵河流域航运有关的规定:对航行于莱茵河流域的船型尺寸、航行要求、技术要求、建造质量以及航道规划等提出规范性建议;规定航道水深、航道宽度和航道最小曲率半径,跨河桥梁最小净空高度;沿河、跨河建筑物不得侵害通航界线,沿岸国家建设沿河建筑物必须报经委员会批准才能施工;沿岸国家负责本国河段的养护和疏浚,从而保证了莱茵河流域船舶航行的畅行无阻。

五、统一设计开发全流域的综合信息系统

为加快莱茵河流域船舶运输业的繁荣发展,流域各国统一设计开发全流域的综合信息系统,为莱茵河流域的船舶运输业联动发展提供了信息支撑。莱茵河信息服务系统(RIS)提供的主要功能包括:统一标准的航道信息服务;实时动态的航行信息服务;全方位的航运管理服务:水闸和桥梁、航运规划;航运事故预防服务;航运物流信息服务:物流规划、多式联运、港口码头、货运车队;航运统计信息服务;航运费和港口税信息服务;法定船舶信息服务。莱茵河信息服务系统的最终目标是通过为莱茵河流域的内河航运提供和海洋运输标准一致的航运信息服务,确保整条航运供应链的安全运作。该综合信息系统将流域各国主管部门实现航运安全管理和船舶运输业自身信息服务需求相结合,不仅通过集成航运信息为莱茵河流域的船舶运输业繁荣发展做出贡献,还通过实现船舶安全航行提高航运企业的竞争力。

六、协同构建全流域的船舶运输监控体系

为引导莱茵河流域船舶运输业的健康发展,流域各国协同构建了全流域的船舶运输监控体系,为莱茵河流域的船舶运输业联动发展提供了调整机制。在欧盟委员会以及欧盟运输研究与创新门户(TRIP)支持下,莱茵河流域构建了内河航运政策评价、船舶运输市场监控以及船舶运输市场指数等完整的监控体系,使流域各国政府管理部门能够根据莱茵河流域船舶运输业发展的最新动态,及时采取措施引导流域的船舶运力调整,实现运力与运量的协调发展。如当运力相对不足时,则对船舶建造企业和中、小船东提供新船建造补贴;减免船舶燃油税、船舶航行税、航标费、在港停泊费等税费;当运力相对过剩时,则引入拆船补贴,淘汰老旧运力;在提高船舶航行安全和减少船舶污染排放方面采取强制措施,加快旧船淘汰,平衡供需。从而在统一开放莱茵河流域的船舶运输业、发挥市场机制积极作用的同时,避免了船舶运输市场出现过度竞争、盲目发展等消极现象。

七、协同打造跨国界的内陆区域集疏运枢纽

为突破国家界限对莱茵河流域集疏运服务体系联动发展带来的不利影响,莱茵河流域的内陆区域港口协同打造了跨国界的集疏运枢纽。2009年,作为莱茵河上游的区域性港口,瑞士的巴塞尔港、法国的米卢斯港和德国的威尔港合作成立了统一的三方物流平台——莱茵港口群,目标是打造位于欧洲心脏地带、集内河、铁路、公路三种集疏运方式为一体的内陆集疏运枢纽,该枢纽距离法国的斯特拉斯堡港仅100公里,距离德国的鲁尔区为500~600公里,距离莱茵河出海口800~900公里。2010年,三港的货物吞吐量迅速增加到1250万吨,集装箱吞吐量也高达18.5万TEU。因此,创新性的将"3个国家、3个港口和3种集疏运方式"进行有机整合,短期目标是进行联合营销,中长期目标是建立统一管理公司,形成发展合力并创造协同效应以增强其与沿海港口的谈判能力,通过有效整合区域集疏运服务资源成

为沿海港口更具吸引力的合作伙伴。

八、搭建跨流域的航运服务协调机构

为实现与多瑙河、塞纳河、易北河以及摩泽尔河等欧洲其他流域的沟通协调,莱茵河流域还积极搭建了多个跨流域的高端航运服务协调机构。如欧洲内河航道协会(VBW)、欧洲造船厂协会(CESA)、欧洲内河港口联盟(EFIP)、欧洲驳船联盟(EBU)、欧洲江海运输联盟(ERSTU)、欧洲船长协会(ESO)、欧洲运输工人联合会(ETF)、欧洲引航协会(EMPA)、欧洲船舶供应商组织(OCEAN)。其中,为保护莱茵河的航运利益,1877 年在莱茵河科布伦茨成立了欧洲内河航道协会(VBW),12 个创始成员中还包括科隆和杜塞尔多夫等莱茵河重要港口;为促进欧洲船舶工业共同发展,1937 年欧洲造船厂协会(CESA)成立,17 个会员国中包括莱茵河流域的德国、法国、荷兰和比利时四个国家;另为促进欧洲内陆港口在运输和物流供应链中作为真正的多式联运结点,发挥内河运输与铁路、公路和海洋运输的作用,1994 年在比利时的布鲁塞尔成立了欧洲内河港口联盟(EFIP),代表了欧洲 19 个国家的近 200 个内陆港口,创始成员主要来自莱茵河流域的德国、法国、比利时和瑞士等国港口。

第二节　密西西比河流域航运一体化背景下航运中心建设的主要做法

密西西比河位于北美大陆中南部,发源于美国明尼苏达州西北部的艾塔斯卡湖,东接阿巴拉契亚山脉,西至落基山脉,流经明尼苏达、威斯康星、艾奥瓦、伊利诺伊、密苏里、肯塔基、田纳西、阿肯色、密西西比和路易斯安那 10 个州,于新奥尔良注于墨西哥湾,全长 3 766 千米,流域面积 322 万平方公里,约占北美洲面积的 1/8,美国本土面积的 41%,覆盖了其东部和中部广大地区。作为世界第四长河,也是北美洲流程最长、流域面积最广、水量最大

的河流,密西西比河共汇集了约 250 多条支流,且西岸支流比东岸多而长,形成巨大的不对称树枝状水系。

一、以会员方式提供专业性船舶引航和拖带服务

密西西比河流域的引航主要包括指导船舶从墨西哥湾到密西西比河河口进入以及在密西西比河的航行。其中,负责密西西比河下游船舶引航的是路易斯安那河引航协会(The Louisiana River Pilots' Association)的三家会员,如成立于 1879 年位于路易斯安那州威尼斯(Venice)的联合引航分会(Associated Branch Pilots)负责提供从墨西哥湾到路易斯安那州 Pilottown 的船舶引航;成立于 1908 年位于路易斯安那州贝尔查斯(Belle Chasse)的新月河港口引航协会(Crescent River Port Pilots Association)提供从 Pilottown 到新奥尔良的船舶引航;成立于 1943 年位于路易斯安那州梅泰里(Metairie)的新奥尔良—巴吞鲁日轮船引航协会(New Orleans-Baton Rouge Steamship Pilots Association)则提供从新奥尔良到巴吞鲁日的船舶引航。

此外,在拖带服务方面,在密西西比河流域的路易斯安那州,主要提供船舶拖带服务的是新月船舶拖带公司(Crescent Towing),成立于 1942 年并在业界拥有较高声誉,拖带服务涉及美国最为繁忙的三大港口:路易斯安那州的新奥尔良、亚拉巴马州的莫比尔和佐治亚州的萨凡纳;而在密西西比州主要提供船舶拖带服务的是曼塔集团(Manta),在该州共拥有 16 家船舶拖带企业。

二、拥有服务整个流域的船舶融资和航运保险服务

密西西比河流域的航运界不仅可以从美国联邦船舶融资担保计划获得船舶融资,还可从商业市场获得船舶融资。其中,根据 1936 年的"商船法",为促进美国船舶建造修理业的发展和现代化,美国众议院出台了被称为"Title XI"的联邦船舶融资担保计划,由美国交通部海事局担保美国船东或外国船东在美国船厂进行船舶建造所需的债务融资,借贷率最高为 87.5%,

期限最长为 25 年。2008 年,美国交通部海事局为密西西比河流域提供的船舶融资总额高达 25 亿美元。

美国内河运输保险承保人协会(IMUA)提供辐射密西西比河流域整体的航运保险服务,该协会成立于 1930 年,位于纽约华尔街,是专门为美国内河航运提供商业保险服务的全国性协会,密西西比河流域是该协会服务的业务重点,年保险费高达 140 亿美元,承保了 90% 以上的美国内河运输保险费;会员包括保险和再保险公司,为会员提供综合的培训和教育项目,包括研究论文、新闻报道、行业分析、中高级研讨会并提出影响美国内河航运保险立法和监管的建议和对策。

三、拥有统一而专业的海事仲裁与法律服务

密西西比河流域拥有统一而专业的海事仲裁与法律服务机构,美国海事仲裁协会(MAA)具有在全国范围内统一的海事仲裁权威规则,并拥有权威的解决航运纠纷的仲裁员和海事律师,确保坚持最高的海事仲裁专业标准和极富公正性的职业道德。为向密西西比河流域提供重点海事仲裁服务,该协会还在密西西比河流域的重要港口新奥尔良设立仲裁办公室。此外,密西西比河流域还拥有专业的航运法律事务所,如位于密苏里州圣路易斯的 Goldstein and Price 航运法律事务所,该事务所成立于 1957 年,提供有关船舶债权以及船舶碰撞、搁浅沉没、污染、火灾和爆炸事故和货物损失等广泛的航运法律服务。

四、统一制定适应流域各区段特点的港口布局规划

作为美国南北航运的大动脉,密西西比河北通五大湖,南注墨西哥湾。1879 年,根据国会法令成立的密西西比河委员会统一制定并监督实施了密西西比河流域的大规模河流工程规划,为形成适应密西西比河流域各区段特点的港口布局规划奠定了坚实的基础。密西西比河干流从明尼阿波利斯到密西西比河河口,沿岸分布了圣路易斯、孟菲斯、巴吞鲁日和新奥尔良等

密西西比河重要港口。其中,明尼阿波利斯位于密西西比河流域上游,该段水流缓慢,水利资源丰富;圣路易斯位于密西西比河中游河畔,该段水流稳定,航道深阔,航运价值很大,运输非常繁忙,成为美国最大的内河航运中心,第二大铁路运输的终点站,第五大航空交通枢纽和第六大卡车运输中心;新奥尔良位于密西西比河三角洲上,濒临墨西哥湾,规划成为美国重要的河海、海陆联运中心。

五、拥有统一而权威的流域管理机构

密西西比河流域还拥有权威而分布广泛的流域管理与协调机构,密西西比河委员会(MRC)成立于1879年,位于密西西比州的维克斯堡,主要职责是对密西西比河流域的防洪、航运、环保等项目提供政策和建议;密西西比河区域规划委员会(MRRPC)成立于1964年,位于威斯康星州的拉克罗,提供规划和经济发展服务以改善该区域的环境、经济和生活质量水平;密西西比河流域保护协会(MVC)成立于1946年,以保护和管理密西西比河流域的水资源和其他自然资源;此外,密西西比河上游流域协会(UMRBA)成立于1981年,位于明尼苏达州的圣保罗,作为一个区域性的组织,会员包括伊利诺伊州、爱荷华州、明尼苏达州、密苏里州和威斯康星州,负责各州在密西西比河上游流域航运、生态系统恢复、河水质量、洪水风险管理等政策和方案联动;密西西比河下游流域管理组织(LMRWMO)则成立于1985年,位于明尼苏达州的法明顿,以应对从明尼阿波利斯到圣保罗的航运以及地表水管理。

六、提供发达而完善的综合性航运信息服务

美国陆军工程兵团数据中心(U. S. Army Corp of Engineers Data Center)提供重点包括密西西比河流域航运服务业发展的美国水运商业报告等航运信息服务;位于密西西比河流域上游的明尼苏达州圣保罗港的“密西西比河之友”(Friends of the Mississippi River)则致力于保护、恢复并提升

密西西比河流域的航运、环保等作用;位于密西西比河流域中游密苏里州圣路易斯港的《水道期刊》(*The Waterways Journal*)是美国内河水道的专业杂志,主要提供密西西比河干流以及支流的航道研究信息服务;而位于密西西比河流域下游路易斯安那州新奥尔良港的密西西比流域贸易与运输委员会(MVTTC)和密西西比河航运协会(MRMA)则分别提供整个密西西比流域的贸易和航运发展以及航运专业研究信息;此外,位于路易斯安那州巴吞鲁日港的密西西比河下游港口安全理事会(LMRPWSSC)则提供密西西比河下游港口群的安全运营信息服务。

第三节　境外内河流域一体化背景下航运中心建设的主要经验

一、统一制定适用全流域的船舶航行规则

国外大河流域统一制定的全流域航运规则不仅促进了流域船舶航行自由,还为流域航运业协调发展提供了坚实的保障。1868 年 10 月 17 日,法国、巴登大公国、巴伐利亚、黑森大公国、荷兰和普鲁士六国在曼海姆制定并签署《莱茵河航行公约》,规定莱茵河自上游的巴塞尔港至流入北海的所有航道,无论顺流或逆流都对所有国家的船舶自由开放。为进一步落实莱茵河流域船舶自由航行的原则,1963 年 11 月 20 日,德国、比利时、法国、英国、荷兰和瑞士六国又在斯特拉斯堡签订《莱茵河航行公约修订本》,涵盖了船舶、进出口和过境货物,船长、船员证书和船舶安全,航道维护保养、疏浚整治、设置航标、清除碍航物,流域航运管理体制、组织机构以及司法管辖权等具体内容。此后,莱茵河航行中央委员会(CCNR)还出台了适用莱茵河全流域的航运服务相关法律,如《危险品运输条例》《船舶和船员检查条例》《检疫条例》等。

美国先后制定统一的航运法律,实现了密西西比河流域治理开发和航运的协同发展。自 1820 年第一次通过发展内河航运的法令后,一百多年来

先后又通过了 40 余项有关防洪和航运的法律或法令，使密西西比河水流域开发计划的制订及工程项目的实施都有相应的法律和法令进行规范。1986年，《密西西比河上游管理法》旨在实现密西西比河上游流域的联动发展和改善，美国国会宣布该流域是具有国家意义的重要生态系统，同时也是具有重要意义的商业航道；1998 年，美国国会通过《面向 21 世纪的交通运输平衡法案》，仍然把内河航运发展作为重要内容，其中重点涉及密西西比河流域的继续开发与治理。

二、联合成立管辖全流域的航运管理机构

国外大河流域联合成立的航运管理机构不仅确保了流域船舶航行的安全，还为流域航运业联动发展提供了坚强的组织保证。

1816 年成立的莱茵河航运中央委员会（CCNR），总部位于莱茵河上游斯特拉斯堡港，主要负责制定和修改莱茵河流域的航运管理规定，规范航行于莱茵河流域的船型尺寸、航行要求、技术要求、建造质量以及航道规划；规定航道水深、航道宽度和航道最小曲率半径，跨河桥梁最小净空高度；规定沿河、跨河建筑物不得侵害通航界线，沿岸国家建设沿河建筑物必须报经该委员会批准才能施工；沿岸国家负责本国河段的养护和疏浚。

1879 年成立的美国密西西比河委员会位于密西西比州的维克斯堡，主要职责是制定并逐步完善合理的流域整治方案，永久地确定密西西比河位置、疏浚航道、保护堤岸，改善河流通航条件，使航行更加安全、便利，防止破坏性洪水的发生并促进商业、贸易和邮政事业的发展。

三、共同拥有覆盖全流域的航运信息体系

国外大河流域共同拥有的航运信息服务体系不仅加快了流域船舶运输发展，还为流域航运业协调发展提供了强大的信息支撑。莱茵河航运信息系统（RIS）将流域各国航运主管部门的航运安全管理需求和航运经营者的自身航运信息需求相结合，为全流域提供航运综合信息服务：统一标准的航

道信息服务;实时动态的航行信息服务;提供全方位的航运管理服务等。其最终目标是通过为莱茵河流域的内河航运提供和海洋运输完全一致的标准航运信息服务,从而确保整条航运供应链的安全运作。美国密西西比河流域拥有分工明确、各司其职的航运信息服务机构,拥有形式多元、范围全面的专业化航运信息服务体系。《密西西比河之友》(Friends of the Mississippi River)则致力于保护、恢复并提升密西西比河流域的航运、环保等作用的信息服务;《水道期刊》(The Waterways Journal)专业杂志主要提供密西西比河干流以及支流的航道研究信息服务;密西西比流域贸易与运输委员会(MVTTC)和密西西比河航运协会(MRMA)则分别提供整个密西西比河流域的贸易和航运发展以及航运专业研究信息;密西西比河下游港口安全理事会(LMRPWSSC)则提供密西西比河下游港口群的安全运营信息服务。

四、重点打造辐射全流域的航运中心

国外大河流域重点打造辐射全流域高端航运服务的航运中心,不仅发挥了流域航运服务的协同效应,还为流域航运业协调发展提供了重要途径。作为莱茵河入海口的国际航运中心,鹿特丹港集聚荷兰国际集团(ING)等8家航运金融机构为莱茵河流域提供船舶融资服务,汇集 Marsh Nederland 等25家航运保险公司及总部设在鹿特丹的国际莱茵河船舶注册协会(IVR)为整个莱茵河流域提供航运保险服务,依托范坝·克鲁丹尼尔(Van Dam & Kruidenier Advocaten)等19家航运法律服务商,为莱茵河流域提供航运法律服务。作为密西西比河流域的航运中心,纽约港依托美国内河运输保险承保人协会(IMUA)提供辐射密西西比河流域的航运保险服务。新奥尔良港依托美国海事仲裁协会(MAA)仲裁办公室为该内河流域提供包括船舶碰撞、搁浅沉没、污染、火灾和爆炸等广泛的海事仲裁服务。

五、合力出台遍及全流域的船舶排放标准

国外大河流域合力出台遍及全流域航行船舶的排放标准,从而为流域航运业协调发展提供了可持续性保障。

2012年11月29日,莱茵河航运中央委员会通过了减少莱茵河航运造成的温室气体排放和燃料消耗决议,设立了2050年较2010年至少减排60%的长期目标,并提出了协调一致和各司其职的碳减排基本原则和综合举措。一是采用可替代能源,如液化天然气和其他混合能源,使用柴电推进系统,推广燃料电池使用等;二是设置强制性指标,如船舶能效设计指数(EEDI)和船舶能效营运指数(EEOI);三是拟出台禁用物质清单,在中长期完全禁止对气候具有破坏作用的有害物质使用,如某些船用灭火剂、制冷剂等。

为对进入包括密西西比河入海口在内的北美排放控制区以及密西西比河等内陆水域的船舶污染进行控制,作为负责美国海岸、港口、内陆水域以及国际水域的执法机构,海岸警卫队(USCG)对船舶燃油标准进行严格检查,并对使用燃油硫含量超标的船舶进行滞留处罚。其中,自2015年1月1日起,进入北美排放控制区的船舶燃油硫含量上限从不超过1.0% m/m下降到0.1% m/m;密西西比河航行船舶燃油则为硫含量不超过1.0%m/m且符合ISO 8217—2010国际标准的船用重油(RMG380)以及船用轻柴油(DMA)或船用柴油(DMB)。

六、一致整合流域内跨区域的码头资源

国外大河流域一致整合流域内跨区域的内河码头资源,从而为流域航运业协调发展提供了创新思路。为进一步整合内河流域分散的港口码头资源,避免同质化竞争,促进港口功能差异化定位,提高码头资源利用效率,国外大河流域通过企业化形式对内河流域港口网络进行投资布局,提升内河港口的整体运营管理水平。如作为德国主要的多式联运服务提供商,莱茵

物流有限责任两合公司（Rhein Cargo）在莱茵河流域共投资运营了科隆、诺伊斯和杜塞尔多夫三个港口的 7 个码头，依托 48 套码头吊机以及 90 台牵引机车等多式联运设备，实现了莱茵河内河港口与入海港口在内河、公路、铁路等各个交通系统的智能化衔接，进一步促进了莱茵河流域内河港口在集装箱、农产品、建材、煤炭、矿石、钢铁、化工产品以及滚装汽车等作业货种的差异化功能定位。

第四章

上海国际航运中心在长三角一体化
战略中的地位和作用

按照国发〔2009〕19号文关于加快建设上海国际航运中心的战略部署，上海全方位展开现代航运集疏运体系、现代航运服务体系、现代航运金融体系、现代航运支撑体系和国际航运综合试验区建设，航运基础设施和软硬环境得到明显改善。经过多年努力，上海国际航运中心已经基本成为较强服务功能和辐射能力的资源配置型国际航运中心，在长三角一体化战略中地位显著，将发挥重要作用。

第一节　上海国际航运中心在长三角一体化战略中的地位

一、长三角一体化战略重要组成部分

长三角一体化战略重视上海国际航运中心建设。《长江三角洲区域一体化发展规划纲要》提出，要求协同推进港口航道建设，加强沪浙杭州湾港口分工合作，以资本为纽带深化沪浙洋山开发合作，做大做强上海国际航运中心集装箱枢纽港。同时着重提出高标准建设中国（上海）自由贸易试验区临港新片区，以投资自由、贸易自由、资金自由、运输自由、人员从业自由等为重点，推进投资贸易自由化、便利化，打造与国际通行规则相衔接、更具国

际市场影响力和竞争力的特殊经济功能区。上海国际航运中心与长三角港口城市联动效果明显,江苏省港口地处上海西北处,是长江流域江海换装、水陆中转、货物集散和对外开放的重要区域港口。江苏省港口货物主要通过上海港出海,因此江苏省港口与上海港的市场化联动较为充分。上海港与浙江省港口在功能定位方面存在较大相似性,港口之间的合作联动主要以行政化联动为主。上海港与江苏省港口的联动程度高于与浙江省港口的联动,与江苏省港口的联动主要是依托于上海港的"长江战略",先后布局了南京港、太仓港等重要港口。上海港与浙江省港口的联动程度略低,但与洋山港区等的部分合作联动成果极大影响了长三角的港口格局。洋山港区的建设,稳固了上海港在东北亚地区的国际集装箱航运枢纽港的地位,成为促进长三角地区经济加速发展的强劲动力。

上海国际航运中心是长三角一体化战略重要补充。2020 年 1 月 10 日,上海发布《贯彻〈长江三角洲区域一体化发展规划纲要〉实施方案》,关于国际航运中心建设提出巩固世界级国际海空枢纽港地位,优化航运发展环境,吸引更多国际航运组织、功能性机构和知名企业入驻,探索更具国际竞争力的航运制度创新,提升高端航运服务能力。同时,强化国际航运枢纽港功能,推进区域港航协同发展,推进铁路进外高桥港区,促进海铁联运发展。大力推进长湖申线、杭平申航道项目建设,开展苏申内港线规划衔接和前期工作。推进长江集装箱江海联运综合服务信息平台的建设。鼓励上港集团与长三角港航企业开展多层次合作,联合浙江省开展上海国际航运中心洋山深水港小洋山北侧作业区规划编制工作和项目前期工作,推进项目建设。深化沪苏长江口港航合作,以市场化为导向优化集装箱航线布局。可见,上海国际航运中心建设是长三角一体化战略的重要组成部分,在长三角一体化建设中将发挥不可或缺的作用。

表 4 - 1　2009—2020 年有关上海国际航运中心建设内容的主要规范性文件

序号	出台时间	制发主体	文件名称	发文字号
1	2009 年 4 月	国务院	《关于推进上海加快发展现代服务业和先进制造业建设国际金融中心和国际航运中心的意见》	国发〔2009〕19 号
2	2009 年 5 月	上海市人民政府	《贯彻国务院关于推进上海加快发展现代服务业和先进制造业建设国际金融中心和国际航运中心意见的实施意见》	沪府发〔2009〕25 号
3	2010 年 6 月	国家发展改革委	《长江三角洲地区区域规划》	发改地区〔2010〕1243 号
4	2011 年 4 月	交通运输部	《交通运输"十二五"发展规划》	交规划发〔2011〕191 号
5	2012 年 5 月	上海市人民政府	《上海市加快国际航运中心建设"十二五"规划》	沪府发〔2012〕48 号
6	2012 年 9 月	国务院	《全国海洋经济发展"十二五"规划》	国发〔2012〕50 号
7	2012 年 12 月	国务院	《服务业发展"十二五"规划》	国发〔2012〕62 号
8	2013 年 8 月	交通运输部办公厅	《关于促进航运业转型升级健康发展的若干意见》	厅水字〔2013〕230 号
9	2013 年 9 月	国务院	《中国(上海)自由贸易试验区总体方案》	国发〔2013〕38 号
10	2013 年 9 月	交通运输部、上海市人民政府	《关于落实〈中国(上海)自由贸易试验区总体方案〉加快推进上海国际航运中心建设的实施意见》	交水发〔2013〕584 号

（续表）

序号	出台时间	制发主体	文件名称	发文字号
11	2013 年 9 月	上海市人民政府	《中国（上海）自由贸易试验区管理办法》	市政府令第 7 号
12	2014 年 7 月	上海市人民代表大会常务委员会	《中国（上海）自由贸易试验区条例》	上海市人民代表大会常务委员会公告第 14 号
13	2014 年 8 月	国务院	《关于促进海运业健康发展的若干意见》	国发〔2014〕32 号
14	2014 年 9 月	国务院	《关于依托黄金水道推动长江经济带发展的指导意见》	国发〔2014〕39 号
15	2014 年 11 月	上海市人民政府	《贯彻〈国务院关于加快发展现代保险服务业的若干意见〉的实施意见》	沪府发〔2014〕73 号
16	2014 年 12 月	交通运输部	《关于加快现代航运服务业发展的意见》	交水发〔2014〕262 号
17	2015 年 3 月	国家发展改革委、外交部、商务部	《推动共建丝绸之路经济带和 21 世纪海上丝绸之路的愿景与行动》	/
18	2015 年 4 月	国务院	《关于印发进一步深化中国（上海）自由贸易试验区改革开放方案的通知》	国发〔2015〕21 号
19	2016 年 6 月	上海市人民代表大会常务委员会	《上海市推进国际航运中心建设条例》	上海市人民代表大会常务委员会公告第 41 号
20	2016 年 8 月	上海市人民政府	《"十三五"时期上海国际航运中心建设规划》	沪府发〔2016〕71 号

（续表）

序号	出台时间	制发主体	文件名称	发文字号
21	2018 年 6 月	上海市人民政府	《上海国际航运中心建设三年行动计划（2018—2020）》	沪府办〔2018〕40 号
22	2020 年 1 月	中国（上海）自由贸易试验区临港新片区管委会	《中国（上海）自由贸易试验区临港新片区促进产业发展若干政策》	沪自贸临管委〔2020〕36 号
23	2020 年 5 月	中国（上海）自由贸易试验区临港新片区管委会	《洋山特殊综合保税区产业发展和空间布局规划》	沪自贸临管委〔2020〕376 号
24	2020 年 8 月	上海市人民政府	《临港新片区创新型产业规划》	沪府办〔2020〕48 号

资料来源：作者自行整理

二、长三角航运资源配置中心

航运资源配置能力是指该城市中航运要素资源的配置方式与存在情况、在配置资源中所具备的功能，以及由此产生的规模经济效应，反映了一座城市在一定区域范围内进行航运资源配置的质量、规模以及效率。航运资源主要通过两种机制完成配置，一种是市场对资源的配置，另一种是政府对资源的配置（茅伯科，2010）。自国发〔2009〕19 号文以来，上海国际航运中心对标伦敦、新加坡等知名国际航运中心的发展经验，积极打造航运服务产业链，在航运融资、航运保险、航运交易、海事仲裁、海事监管与服务、船舶检验、船舶管理、航空物流等航运现代服务业领域全面引领行业发展，有效延伸了航运服务产业链，有效提升航运服务的辐射力和航运资源的配置能力。根据《上海国际航运中心建设三年行动计划（2018—2020）》，上海不断加大国际航运中心建设力度,在 2020 年实现航运资源高度集聚、航运服务功能健全、航运市场环境优良、现代物流服务高效,具有全球航运资源配置能力的国际航运中心,实现航运枢纽功能国际领先,大幅提升航运服务能级,全面增强航运创新能力。

建设上海国际航运中心,是党中央、国务院着眼于我国改革开放和社会主义现代化建设全局作出的一项国家战略,也是上海继续当好改革开放排头兵、创新发展先行者,加快建设国际经济、金融、贸易、航运和科创"五个中心"的重要支撑和突破口。2020 年 7 月中旬发布的《新华—波罗的海国际航运中心发展指数报告(2020)》显示,上海首次跻身国际航运中心前三,仅次于新加坡和伦敦。该报告由中国经济信息社联合波罗的海交易所发布,从港口条件、航运服务和综合环境三个维度衡量国际航运中心城市的发展水平,上海打破了持续六年的新加坡、伦敦、香港三强局面,成为世界上最发达的航运中心之一。

表 4-2 新华—波罗的海国际航运中心发展指数排名 TOP10

排名	2020 年	2019 年	2018 年	2017 年	2016 年	2015 年	2014 年
1	新加坡	新加坡	新加坡	新加坡	新加坡	新加坡	新加坡
2	伦敦	香港	香港	伦敦	伦敦	伦敦	伦敦
3	上海	伦敦	伦敦	香港	香港	香港	香港
4	香港	上海	上海	汉堡	汉堡	鹿特丹	鹿特丹
5	迪拜	迪拜	迪拜	上海	鹿特丹	汉堡	汉堡
6	鹿特丹	鹿特丹	鹿特丹	迪拜	上海	上海	迪拜
7	汉堡	汉堡	汉堡	纽约	纽约	迪拜	上海
8	雅典	纽约	纽约	鹿特丹	迪拜	纽约	东京
9	纽约	休斯敦	东京	东京	东京	釜山	纽约
10	东京	雅典	釜山	雅典	雅典	雅典	釜山

资料来源:《新华—波罗的海国际航运中心发展指数报告(2020)》

上海国际航运中心具有引领长三角共建辐射全球的航运枢纽作用，2020 年 11 月 28 日，《长江经济带江海联运发展指数报告（2020）》主要成果在江苏省南通市发布。研究报告显示，上海国际航运中心正在引领长三角共建辐射全球的航运枢纽。在长江经济带和长三角一体化发展中，上海国际航运中心发挥着龙头辐射作用，正在加快同长三角共建辐射全球的航运枢纽，努力成为国内大循环的中心节点和国内国际双循环的战略链接，带动长三角港口群整体竞争力和影响力的提升。具有全球航运资源配置能力的上海国际航运中心，完全具备配置长三角航运资源的能力，能够引领长三角港航业一体化发展，为长三角港航业高质量发展和参与国际竞争提供可靠服务。

三、长三角对外开放枢纽门户

长三角地区一直是我国开放高度活跃的区域，是对外贸易发达、外资高度集聚的地区。2018 年，长三角外贸进出口总额占全国比重为 36.3%，实际利用外资占比 58.2%。同时，长三角地区拥有超 60 个经济技术开发区，34 个综合保税区，占全国比重超过 1/3，并拥有上海、浙江、江苏等地的自由贸易试验区。同时，长三角港口群是我国沿海 5 个港口群中港口分布最密集、吞吐量最大的港口群，国内十大机场中长三角占据三席。因此，无论从开放门户的区位交通硬件基础还是外资外贸发展水平，都显示出长三角在我国整体开放格局中占据着举足轻重的地位。

上海一直是我国对外开放的重要门户，为贯彻落实国家进一步扩大开放重大举措，加快建立开放型经济新体制，2018 年 7 月，上海市政府发布《上海市贯彻落实国家进一步扩大开放重大举措加快建立开放型经济新体制行动方案》，提出以更大力度开放合作提升上海国际金融中心能级，构筑更加开放的现代服务业和先进制造业产业体系，建设开放共享、内外联动的高标准知识产权保护高地，打造更具国际市场影响力的进口促进新平台，创造一流的法治化、国际化、便利化营商环境。习近平总书记要求上海强化全球资源配置、科技创新策源、高端产业引领、开放枢纽门户"四大功能",上海需要成为连接全球、融通全球、覆盖全球、影响全球的重要载体,成为全球化要素资源互联互通、融合集成的功能平台,成为统筹考虑和综合运用国际国内两个市场、国际国内两种资源、国际国内两类规则的重要通道,成为中国发展自己、造福世界的开放高地。

近年来,上海国际航运中不断加强开放枢纽门户功能,在国际集装箱中转方面,上海在我国率先启动启运港退税试点,降低我国出口货物的国际海运综合物流成本。落户于虹口的上海航运交易所,首发集装箱运价指数填补了国际空白,并逐步打造包括主要运输市场、"一带一路"、船舶价格等指标在内的"上海航运指数"品牌。在航运融资方面,截至 2019 年底,中国(上海)自由贸易试验区累计设立融资租赁母公司 1 400 余家,特殊项目公司近400 家,累计运营飞机 458 架,船舶 414 艘。在综合交通枢纽方面,上海拥有全国最完善的海陆空枢纽基础设施,一直为长三角客流和物流集散中心,面向长三角、全国乃至全球的辐射能力不断增强。据上海市城乡建设和交通发展研究院发布的《2019 年上海市综合交通运行年报》显示,2019 年上海机场通航全球 51 个国家,通航点总数达 314 个,两场旅客吞吐量首超 1.2 亿人次,完成货邮吞吐量 405.7 万吨。上海国际航空枢纽港已成为我国民航业务量最大的客货运枢纽,客运和货运量分别居全球第四位、第三位。同时,浦东综合交通枢纽规划不断推进,上海铁路东站与浦东机场组合形成浦东综合交通枢纽,突出国际门户功能,增强综合交通服务,建设"高标准、一体化、全融合"的世界一流综合交通枢纽,与虹桥综合交通枢纽共同形成上海的两大国际级枢纽。

目前,上海提出要成为"国内大循环中心节点和双循环战略链接",开放枢纽门户功能的最终目标在于通过打通国际国内两个市场之间的要素循环机制,促进国内国际要素市场一体化(韩剑,2020)。上海国际航运中心不仅是我国对外开放的重要窗口,更是长三角对外开放枢纽门户。深化与长三角一体化合作是上海国际航运中心对外开放的重要组成部分,在应对异常复杂严峻的国际形势下,上海国际航运中心与长三角需携手共同建设富有韧性的国内大循环产业链价值链,共同提高开放型经济水平。

四、高端航运人才培养高地

高端航运服务业是人才密集型产业,没有充足的高端航运人才队伍作支撑,就无法提供高端的、丰富的、优质的各类航运服务。随着国内外航运企业和功能性机构加速集聚(吴向鹏,2010),上海国际航运中心已拥有涉及航运产业链、生态链和价值链的各个环节的企业,也集聚了各类航运人才。

上海社科院、上海交大、上海海事大学 3 家科研机构以上海市航运企事业单位数据为基础,初步搭建起航运人才数据平台,通过 128 家重点航运企事业单位的数据测算,航运人才对上海航运 GDP 贡献率从 2002 年的 13.97% 增加到 2017 年的 28.45%,15 年增加近 15 个百分点;航运人才对经济的直接贡献增至 917.77 亿元。目前,上海重点航运企事业从业人员约为 21.5 万人左右。2010 年至 2018 年 7 月,128 家重点航运单位引进人才累计达到 3 705 人,人才引进数量逐年攀升。在引进人才中,25～35 岁的人才占比超过 86%,其中,35 岁以下的青年人主要聚集在航运科技创新产业,而 35 岁以上的引进人才多集中在现代运输业。人才引进中,本科学历所占比例达到 85%,比目前在册人员的本科人员 34% 高出 51 个百分点;研究生学历占了 11%,是在册人员研究生比例的 2.97 倍。航运企业通过招聘港澳台和外籍员工、招聘海外留学生等各种办法,促进航运企业国际化发展。一些新成立的航运企业,港澳台和外籍员工比例甚至接近 30%。目前,上海有 18 所高校设有航运专业,有 3.6 万在校大学生就读。可见,上海航运人才在长三角优势明显,可以为长三角航运发展提供充足的高端航运人才资源。

同时,上海国际航运中心与长三角企事业单位积极展开航运人才合作,如 2017 年 10 月 13—14 日,上海船员服务协会和江苏海事职业技术学院联合举办长三角地区产教融合国际合作论坛,并成立泛长三角港口与航运国际职业教育集团,来自教育部以及长三角地区和"一带一路"沿线国家教育、海事、协会、企业、院校等部门和单位的八十多名代表参加,以整合政府、行业、企业、院校优势资源,推进四方深度合作,提升港口与航运人才培养质量,服务泛长三角行业经济转型升级。为加快推进上海国际航运中心建设,聚力优化航运人才发展环境,上海相关部门不断推出服务高端航运人才活动,如上海市人社局人才服务中心于 2019 年 8 至 10 月开展"上海航运人才服务季"活动,上海市人才服务中心与上海市建交委干部人事处、市高校事务中心以及浦东新区航运办、虹口航运办等职能单位也签订了航运人才服务战略协议,预示着上海航运人才服务水平正不断走向完善。此次活动结合了长三角一体化、临港新片区建设等新的重大任务,以更好发挥人才服务中心航运分中心在服务国家重大战略、服务上海发展、服务航运人才等方面的作用。上海国际航运人才服务中心通过数据分析导航、先锋人物引领、人事专家护航、全球招聘引航,搭建启航新秀培训平台,让更多的人了解上海国际航运中心,从而吸引更多的优秀人才加入上海国际航运中心建设。

第二节　上海国际航运中心在长三角一体化战略中的作用

一、推进长三角区域航运制度创新

上海国际航运中心在投融资机制、管理水平、运营模式、体制机制等方面也将实行突破,推进长三角区域航运制度创新,主要体现在以下三个方面。

一是推动航运物流产业的制度创新。上海现代物流产业已经形成"5＋1＋X"的空间格局,其中"5"指的是外高桥保税物流园、浦东空港物流园、洋山深水港物流园、西北综合物流园和西南综合物流园。"1"指的是全国快递行业转型发展示范区、国家火炬上海青浦智慧物流特色产业基地。"X"指的是四类专业物流基地。目前上海现代物流相关企业已有 181 家,从各个行政区企业数量来看,浦东新区以 35 家企业占比最高,其次是闵行区 19 家、宝山区 18 家、青浦区和普陀区各 17 家。从上海市现代物流产业各行政区占比来看,静安区的物流营收占比为 36%,超上海物流总收入的三分之一。其次是青浦区 14%,黄浦区 12%。前三行政区物流营收占上海物流总营收的 62%。物流园产业竞争力进一步提升。目前,上海聚集了大量物流行业的龙头企业,有代表性的包括 DHL、UPS、"三通一达"、德邦等,在上海运营的还有支付宝、盛付通、银联等跨境支付企业以及一批有实力的物流服务企业。外贸综合服务平台"一达通"等也落户开展业务。尽管上海物流公司局部已属全国前列,但与国际上相比,上海国际航运中心物流企业集聚度还不够高,行业集中度低,造成行业参与者没有品牌意识、恶性竞争等问题。上海国际航运中心建设将鼓励港口经营企业与世界大物流公司合作,形成国内、国际两个物流网络的连接,形成若干跨国、跨地区的大而强的国际港口经营企业。采取有效措施促进专用码头发展,采取"改造与新建并举",推进码头向专业化、集约化、规模化发展,为长三角其他港口航运物流产业的制度创新树立典范。

二是推进自由港管理模式创新。临港新片区正承担起上海不断完善航运中心国际定位的重要作用,在推进自由港管理模式创新方面发挥着重要作用,2020 年 5 月 16 日洋山特殊综合保税区在上海正式成立,洋山特殊综合保税区位于上海市东南角,规划面积 25.31 平方公里,由芦潮港区域、小洋山岛区域、浦东机场南部区域等三个部分组成。一期围网面积 14.27 平方公里,具有区港一体的便利条件,其余部分的围网封关工作将在 2020 年底全部完成。洋山特殊综合保税区特殊之处主要体现在监管制度创新方面。在申报模式上,除法律法规要求必须进行申报外,"一线"对于不涉证、不涉检的货物,采用径行放行,企业可直接提货、发货;"二线"由以往区内外企业双侧申报制度改为区外企业单侧申报制度。在贸易管制上,除涉及国际公约、条约、协定或涉及安全准入管理的货物确需在"一线"验核监管证件外,其余在"二线"验核。对依法实施检疫的货物,原则上在口岸完成。经海关批准可在区内实施检疫。此外,在区内管理、统计制度、信息化管理、协同管理方面,相关政策也都对标国际标准,创新监管制度。洋山特殊综合保税区是目前内地开放程度最高、改革力度最大的海关特殊监管区,是中国 151 个海关特殊监管区域中唯一的特殊综合保税区。此外,上海国际航运中心还不断推动外资、民营、混合等多元化的投资和经营模式的探索,形成竞争机制,有效提升自由港的能级。特别是鼓励长三角港口与国内港口群之间实施联盟经营、兼并、重组、参股的资本运作模式,并以资本为纽带,促进要素资源的流动。逐步开放散货和部分集装箱的运输、储存等环节的经营权,形成层次分明、优势互补、多元化竞争的格局,有效提升上海国际航运中心的服务能级,助推长三角一体化战略不断深入发展。

三是推动海事立法的完善。2017 年 4 月,上海海事法院被最高人民法院正式确立为"最高人民法院国际海事司法上海基地"。为充分发挥上海海事审判的工作优势,通过区域性先行先试的实践探索,完善创新海事诉讼机制和审判方法,形成更多可复制可推广的审判经验,上海海事法院制定出台了《关于推进"最高人民法院国际海事司法上海基地"建设的实施意见》,明确提出上海基地的"一个主功能、两个辅功能"的定位,即以建设国际海事纠纷解决中心为核心功能,以建设国际海事司法高端智库和国际海事司法交流平台为辅助功能。2017 年 6 月,上海海事法院被最高人民法院确立为"智慧海事法院(上海)实践基地"。作为全国首家智慧法院实践基地,上海海事法院积极适应大数据、互联网、人工智能时代信息化发展新趋势,制定出台了《关于推进"智慧海事法院(上海)实践基地"建设的实施意见》,充分运用现代科技手段,着力解决影响和制约海事审判发展的重点和难点问题,全面服务保障以执法办案为第一要务的法院各项工作。2019 年 12 月 30 日,上海市高级人民法院发布《上海法院服务保障中国(上海)自由贸易试验区临港新片区建设的实施意见》和《上海法院涉外商事纠纷诉讼、调解、仲裁多元化解决一站式工作机制的指引(试行)》,提出探索受理没有连接点但当事人约定管辖的国际商事案件,强化我国法院对与临港新片区相关的离岸交易、跨境交易等国际商事交易的司法管辖权。优化与外向型经济相关案件管辖制度,为上海加快构建开放型经济新体制提供有力司法保障。针对建设高能级全球航运枢纽的司法需求,探索构建符合江海空铁联动优势特点的专业化、集中化管辖机制。可以看出,上海国际航运中心海事立法处于长三角高地,有力地推进长三角区域海事制度创新。

二、进一步打造长三角航运公共服务高地

我国的航运公共服务资源,基本上是以行政区为界进行统筹和分配的。各地的航运公共服务发展水平不均衡,给区域经济的一体化、高质量发展造成了障碍。长三角地区经济发展总体水平较高,航运公共服务资源较为丰富,但是面对高质量一体化发展的新要求,航运公共服务体系的质量有待进一步提高。上海优质航运公共服务资源集聚,航运公共服务体系完善,航运公共服务平台丰富,在长三角一体化中理应承担"领头羊"作用,主要体现在船舶交易与航运指数服务、船舶保险与金融服务和船员服务等三个方面。

在船舶交易与航运指数服务方面,上海航运交易所是经国务院批准、由交通运输部和上海市人民政府共同组建,于1996年11月28日成立的我国唯一一家国家级航运交易所,是我国政府为了培育和发展中国航运市场,配合上海国际航运中心建设所采取的重大举措。上海航交所围绕"维护航运市场公平、规范航运交易行为、沟通航运动态信息"三大功能,结合航运市场关键要素,初步形成了具有国际影响力的上海航运运价指数体系,成为国际航运市场的风向标和晴雨表。20多年来,上海航交所持续研发创新,至今已经形成了涵盖集装箱、干散货、油运、买卖船、船员薪酬、"一带一路"等完整的"上海航运指数"体系,包括17大类指数、200余个指标,"上海航运指数"目前已经注册商标,在涵盖指数类别上,上海已经处于国际领先地位。

表 4 - 3　上海航运交易所航运指数

	指数类别	详细指数
航运运价指数	集装箱市场指数	中国出口集装箱运价指数、上海出口集装箱运价指数、上海出口集装箱结算运价指数、中国进口集装箱运价指数、台湾海峡两岸间集装箱运价指数、东南亚集装箱运价指数
	油运市场	中国沿海成品油运价指数、中国进口原油运价指数
	综合市场	"一带一路"航贸指数、"一带一路"贸易额指数、"一带一路"集装箱海运量指数、"海上丝绸之路"运价指数
	干散货市场	中国沿海散货运价指数、中国沿海煤炭运价指数、中国沿海金属矿石运价指数、中国沿海粮食运价指数、远东干散货指数、中国进口干散货运价指数
船员市场		中国(上海)国际海员薪酬指数
船舶交易指数		上海船舶价格指数、国际散货船价综合指数、国际油轮船价综合指数、沿海散货船价综合指数、内河散货船价综合指数

资料来源:作者自行整理

在航运金融和海事法律服务方面,上海目前共有包括 11 家航运保险营运中心在内的 57 家财产保险公司和 3 家再保险公司,船货险保费收入的市场份额仅次于伦敦和新加坡位列第三。2019 年上海船舶险和货运险业务总量达到 43.7 亿元,全国占比 23.5%。其中,船舶险全国占比超 40%;货运险全国占比约 15%。上海已成为国内航运保险市场中心,2009 年以来,上海国际航运中心航运保险保费收入规模保持全国第一,2019 年国际市场份额仅次于伦敦和新加坡。中国(上海)自由贸易试验区建设为上海国际航运中心航运金融租赁提供发展契机,目前多家在沪注册的金融租赁公司已获得在境内报税地区设立项目公司开展融资租赁业务的资格。截至 2019 年底,中国(上海)自由贸易试验区保税区域累计设立融资租赁母公司 1 400 余家,SPV 项目公司近 400 家。同时,上海保险交易所作为行业基础设施和综合服务平台,具有独特的服务保险交易及风险控制的枢纽优势,提出建设服务航运保险交易、服务海事监管的船舶风险管理综合信息平台,共建水上安全新型治理体系,以实际行动支持长三角区域一体化发展战略,助推上海国际航运中心建设。近三年来,上海法院受理的涉外、涉港澳台海事海商一审案件占比呈上升趋势,且此类案件主要集中在上海海事法院。2018 年至 2020年,上海海事法院共受理各类涉外、涉港澳台海事海商一审案件 1 560 件,占其同期全部一审案件数量的比重逐年递增,分别为 11.27%、18.26%、19.09%。从涉及的国家和地区看,受理的涉外、涉港澳台海事海商一审案件涵盖六大洲 102 个国家和地区,涉及案件较多的国家和地区主要有巴哈马、美国、中国香港、印度尼西亚、日本、丹麦等。这些案件中,原、被告均为涉外、涉港澳台主体的案件为 225 件,涉及日本、英属维尔京群岛、法国、韩国、朝鲜、意大利等多个国家。新冠疫情在全球的爆发和蔓延已经对航运业的发展产生了直接的影响,并且通过产业关联和传递效应波及整个上下游产业链,不仅冲击集装箱生产和流转、造船业及其相关产业,也对港口经营、航运保险、中介和咨询等服务业造成不利影响。对此上海法院高度重视,于2020 年 2 月出台《关于充分发挥审判职能作用为依法防控疫情提供司法保障的指导意见》,后又制定《关于审理涉新冠肺炎疫情海事案件时需要注意的若干问题》,对于受疫情影响的定期租船合同纠纷、航次租船合同纠纷以及货物运输合同纠纷的处理,提出了具体有针对性的意见。

在船员服务方面,上海国际航运中心船员航运服务业硕果丰富。主要体现船员注册服务和船员服务业政策支持等方面。在船员注册服务方面,至 2018 年底,上海海事局注册船员 67 851 名,其中国际船员 59 698 名、国内船员 8 153 名。船员外派机构共 28 家,其中中资机构 24 家、中外合资 3 家、外商独资 1 家。全年共外派海员 29 079 人次,其中外派船长和高级船员

13 203 人次,占外派总量的 45.4%。据《2018 年中国船员发展报告》可知,2016 至 2018 年上海本土国际航行海船海员分为 15 519、15 586 和 14 986 人,整体呈微降趋势。据《2018 中国船员发展报告》可知,2016 至 2018 年上海本土航行海船海员分别为 4 331、4 329 和 3 930 人,整体趋势平稳。虽然上海本土海员人数比较少,但上海注册船员数量众多,截至 2019 年 12 月 31 日,上海地区注册海员人数为 70 062 人,从事船员业务的机构(公司)160 家。其中,从事外派业务的机构 29 家,外派海员 29 597 人次。上海国际航运中心的建设发展,正需要建设一支高素质的、数量充足、结构合理的船员队伍,这对于提升上海国际航运中心的国际竞争力具有十分重要的意义。在船员服务业政策支持方面,近几年来,上海各个部门陆续出台一系列支持船员服务业政策,在申办户口,取消业务审批和补贴船员服务企业等方面做出了相当的努力。如 2011 年 09 月 01 日,上海市人力资源和社会保障局发布《上海市引进人才申办本市常住户口试行办法》,对具有航海专业大专及以上学历,取得甲类船舶船长适任证书,并从事远洋船舶驾驶工作的船长,可以申办本市常住户口。2018 年 9 月 7 日,上海市人民政府发布《上海市人民政府关于取消和调整一批行政审批等事项的决定》,提到关于取消从事海船船员服务业务审批。2019 年 1 月 30 日,虹口区发展和改革委员会发布《虹口区加快发展航运服务业的意见》,提出一系列支持海员服务行业举措:对新引进的船员服务企业和机构,经认定,按照不超过两年内实缴注册资本的 5% 给予一次性投资奖励,最高不超过 200 万元;对新引进的船员服务企业和机构,经认定,在虹口购置自用办公用房的,按不超过实际购房房价的 2% 给予一次性补贴,最高不超过 300 万元;租赁自用办公用房的,根据实际租赁面积,按不超过年租金的 20% 给予补贴,年度最高不超过 100 万元,年限不超过三年。对于具有国际海员培训资质的船员服务机构,在虹口开展培训业务,对国际海员进行适任培训并取得海事部门发放的适任证书的,按不超过800 元/人次标准给予补贴;对其所属国际海员进行专业技能和特殊培训并取得合格证书的,按不超过 200 元/人次标准给予补贴。每家船员服务机构享受上述补贴年度最高金额不超过 300 万元。对于具有海事部门发放的海员外派资质的船员服务机构,在虹口区开展海员外派业务的,按照不超过 400 元/人次标准给予补贴。每家外派机构享受上述补贴年度最高金额不超过 200 万元,且同一船员每年只给予一次外派补贴。

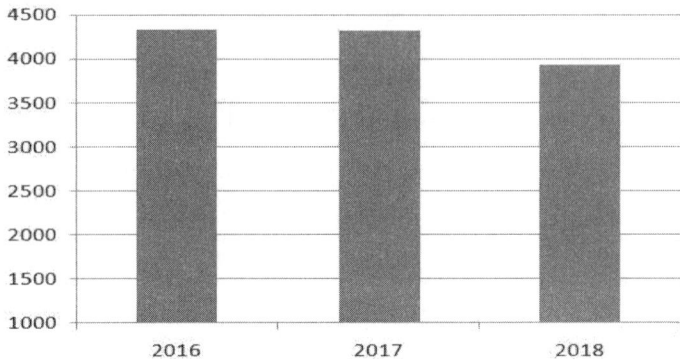

图 4‑1   2016—2018 年上海本土航行海船海员人数(单位:人)

资料来源:《2018 年中国船员发展报告》

三、引导长三角港航业发展与布局

合理布局和分工合作自始至终都是长三角港口群和航运业规划发展的主线,从长三角整体来看,港口与航运产业一体化发展的整体规划较为笼统,对新形势的适应不足。长三角地区是一个典型的以行政区域为基础形成的经济合作区域,行政隶属关系复杂,限制了区域航运服务产业的一体化进程,导致彼此在港口腹地、航运服务中上游产业以及市场拓展等方面无序竞争激烈,一体化的港口规划与航运服务市场发展滞后,港口与航运服务生产要素无法在较大范围内流动。目前,长三角各省市都制定了相应的港口和航运发展规划,但其规划都是基于各地现有的生产能力制定的,都是以各省市自身利益为出发点进行定位,大都没有考虑到不同省市港口规划之间的衔接,实质性合作的项目、机制较为缺乏,不利于长三角港口与航运产业整体快速发展,降低了长三角港航业的整体实力(康译之等,2021)。上海国际航运中心是包括长三角在内的共同建设的国际航运中心,因此,上海国际航运中心的建设应立足于长三角,统一规划,合理布局,努力形成以上海为中心,江、浙为两翼的国际航运中心框架体系。在长三角港口发展与航运服务产业一体化的发展背景下,港口与航运服务企业将不同的生产环节分地区布局符合经济规律。

在上海国际航运中心引导长三角港口群发展与布局方面,中央政府十分重视长三角港口群发展,不断出台促进长三角港口群发展规划政策(见表4-4、表4-5)。

表4-4　长三角主要城市群港口的战略规划

港　　口	战略定位	主要内容
上海港口	枢纽港	上海国际航运中心
宁波港、苏州港	干线枢纽港	宁波港以服务城市物资运输为主。苏州港开展石油化工品和产成品运输等多功能、综合性港口
南京港、舟山港、镇江港、南通港	重要枢纽港	除为本市服务以外,兼有为长江流域服务的功能
扬州港等	区域性港口	主要是为地区经济发展及对外开放服务

资料来源:《上海市口岸发展"十三五"发展规划》《江苏省港口"十三五"发展规划》和《浙江省海洋港口发展"十三五"规划》

表4-5　长三角港口群发展规划文件

时　　间	发布部门	政策文件
2006年9月	交通运输部	《全国沿海港口布局规划》
2010年5月	国家发改委	《长江三角洲地区区域规划》

（续表）

时　间	发布部门	政策文件
2014 年 9 月	国务院	《长江经济带综合立体交通走廊规划》
2016 年 5 月	国务院	《长江经济带发展规划纲要》
2016 年 6 月	国家发改委、住房城乡建设部	《长江三角洲城市群发展规划》
2019 年 9 月	国务院	《交通强国建设纲要》
2019 年 12 月	国务院	《长江三角洲区域一体化发展规划纲要》
2020 年 4 月	交通运输部	《长江三角洲地区交通运输更高质量一体化发展规划》

　　上海国际航运中心建设贯穿于上海港发展规划的始终，就港口功能的定位而言，上海国际航运中心建设早期的规划聚焦于上海港集装箱枢纽港的发展定位。《全国沿海港口布局规划》将上海港布局为集装箱干线港，《长江三角洲地区区域规划》进一步明确要"以建设上海国际航运中心为目标，进一步提升上海港主枢纽港的功能地位"。现阶段上海港的规划一方面强调集装箱枢纽港地位，另一方面也注重航运服务能力的提升。《长江三角洲区域一体化发展规划纲要》提出"做大做强上海国际航运中心集装箱枢纽港"，并将"提升国际航运服务功能"作为沪浙洋山区域合作开发的重要目标。《长江三角洲地区交通运输更高质量一体化发展规划》则对上海港发展定位作了进一步细化，提出上海港要"以集装箱干线运输、集装箱江海联运、邮轮运输、高端航运服务为重点，打造智慧高效的集装箱枢纽港、国际一流的邮轮母港"。从聚焦集装箱运输到多方面并重发展，特别是对高端航运服务业的大力发展，充分显示出上海港在不断谋求转型升级，助推上海国际航运中心有实力引导长三角港口进行合理功能定位。

　　在上海国际航运中心引导长三角航运业发展与布局方面。航运服务业作为派生性行业，具有空间聚集性特点，同时航运业的发展是为国际贸易的开展提供支持服务,腹地的经济发展水平是航运服务业发展的基础,港口腹地的经济发展水平、港口与陆侧腹地的连接性、港口与海侧腹地的连接性都会对港口吞吐量和港口周围地区航运服务业的发展造成影响。国际航运中心发展离不开政府优惠政策的支持,如新加坡从1991年起实施国际航运企业规划,以优惠的税收政策吸引国际航运公司在新加坡登记注册,通过不断降低城市和港口航运服务成本等政策措施,为往来船只提供装卸、疏运、燃料、维修、给养以及游览和娱乐,形成完善的航运服务系统。同时,新加坡政府还成立了新加坡海事基金会、海事组合基金、海事创新及科技基金,支持航运业进行人员培训、技术创新等活动。在优惠政策的支持下,新加坡逐步发展成为国际航运中心。长三角地区已经形成较为完善的航运产业链,但与之相关联的航运服务业却呈现企业数量多、龙头企业少;操作业务多、高端增值服务少的发展特点,在业务网络建设、抵御市场风险分摊、高端服务产品创新等方面存在显著不足。

长三角地区航运服务业的发展壮大需要依赖上海的政策优势,航运服务体系建设是上海国际航运中心建设的重要任务,依托国家级长三角港口群发展规划,上海国际航运中心建设不仅可以强化高端航运产业聚集能力,还可以通过自身的航运资源配置能力引导长三角航运产业合理布局,促进长三角航运服务产业分工,并进一步加强区域航运服务产业的合作,形成错位发展的态势,实现航运企业关系、产业关系和区域关系的优化,并最终达到提高长三角航运服务产业链整体竞争力的目的。

表4-6　航运服务产业链中的产业构成

产业类别	细分产业
航运基础性服务业	船舶运输类
	港口服务类
	集疏运服务类

（续表）

产业类别	细分产业
航运辅助性服务业	货运代理类
	船舶代理类
	船舶管理类
	船舶经纪类
	保险中介类
	集装箱租赁类
	船舶监造类
	船舶检验类
	海事安全及技术服务类
	救助打捞类
	船舶供应类
	航道疏浚维护类
	船舶登记类
	船舶通信导航类
	港口清洁环保类
	口岸查验类
航运支持性服务业	航运金融类
	航运保险类
	航运咨询、研究与设计类
	海事教育与培训类
	航运文化类
	海事审判与仲裁类
	航运公估类
	海事认证与评估类
	船舶制造（如设计、维修、拆船等）
	船舶融资、航运贷款和租赁类
	行业组织类

四、长三角区域一体化的重要载体

上海国际航运中心主要是以长三角区域为腹地,在上海国际航运中心三大体系中,港口物流体系、集疏运体系与长三角区域一体化建设关系密切,没有长三角区域港口、物流、集疏运、综合性枢纽的建设,前两大体系是无法完成的。在港口载体方面,目前,上海港水域面积 3 620.2 平方公里,其中长江口水域 3 580 平方公里;黄浦江水域 33 平方公里,港区陆域 7.2 平方公里。海港港区陆域由长江口南岸港区、杭州湾北岸港区、黄浦江港区、洋山深水港区组成。上海港已经与全球 214 个国家和地区的 500 多个港口建立了集装箱货物贸易往来,拥有国际航线 80 多条。上海机场有 107 家国内外航空公司在上海开通了定期航班,连通全世界 48 个国家或地区的 300 个通航点,其中有国际航点 135 个,2018 年新增国际航点 5 个。浦东机场国际旅客吞吐量占全国比重的三分之一,而货邮吞吐量占全国比重的一半,上海航空货运吞吐能力已达国际先进水平。

在交通运输体系方面,上海国际航运中心的物流体系和集疏运体系建设与长三角一体化战略在互联互通上有很多交叉性。《长江三角洲区域一体化发展规划纲要》提出要协同建设一体化综合交通体系,在轨道建设方面,加快建设集高速铁路、普速铁路、城际铁路、市域(郊)铁路、城市轨道交通于一体的现代轨道交通运输体系,构建高品质快速轨道交通网。在省际公路建设方面,加快省际高速公路建设,加快推进宁马、合宁、京沪等高速公路改扩建,提升主要城市之间的通行效率。完善过江跨海通道布局,规划建设常泰、龙潭、苏通第二、崇海等过江通道和东海二桥、沪舟甬等跨海通道。在航空建设方面,巩固提升上海国际航空枢纽地位,增强面向长三角、全国乃至全球的辐射能力,规划建设南通新机场,成为上海国际航空枢纽的重要组成部分。在港口航道建设方面,围绕提升国际竞争力,加强沪浙杭州湾港口分工合作,以资本为纽带深化沪浙洋山开发合作,做大做强上海国际航运中心集装箱枢纽港,加快推进宁波舟山港现代化综合性港口建设。而这些具体工程建设与《上海国际航运中心建设三年行动计划(2018—2020)》提出的完善枢纽港集疏运体系具体任务有共同之处,如《三年行动计划》提出推进长三角区域港口合作和长江经济带港航发展,强化长三角区域港航协同发展机制,加快推进小洋山北侧岸线联动开发,鼓励上海港与江苏港口集团、中远海运集团三方合作,健全长三角城市群民航协调机制,鼓励机场之间构建联盟体,创新跨区域机场运行管理体制,鼓励各机场在航班备降、应急救援、信息和资源共享等方面加大合作力度,发挥长江经济带航运联盟作用,完善工作机制,发挥示范效应。上海市城市总体规划(2017—2035)提出上海主动融入长三角区域协同发展,推动上海与周边城市协同发展,构建上海大都市圈,打造具有全球影响力的世界级城市群,强化沿江、沿湾、沪宁、沪杭、沪湖等重点发展廊道,建设浦东枢纽、虹桥枢纽和洋山深水港区国际级枢纽,打造更开放的国际枢纽门户,强化便捷高效的综合交通支撑,形成城际线、市区线、局域线"三个1 000公里"的轨道交通网络。

在航运服务载体方面,截至2020年底,上海已集聚了包括中远海运集团、中国船舶集团等在内的一批行业龙头企业。全球排名前百位班轮公司中的39家、全球五大船舶管理机构中的4家、国际船级社协会正式成员中的10家、全球排名前5的邮轮企业均在沪设立了区域总部或分支机构。

位于上海虹口区的北外滩,与外滩、陆家嘴共同构成了上海高端航运服务核心区的"黄金三角"。截至2020年底,北外滩吸引汇聚了4 700多家各类航运服务企业和40家航运功能性机构,是上海建设国际航运中心的重要功能承载区。2005年,北外滩获批成为上海首批现代服务业集聚区中唯一以航运为特色的现代服务业集聚区。2009年,北外滩航运服务集聚区已经提升至国家战略高度。2012年,北外滩被交通部授予"航运服务总部基地"称号,成为全国唯一一个航运服务领域的"总部基地"。总部基地的定位,为虹口区进一步服务上海国际航运中心建设奠定了基础,极大地推进了北外滩航运服务业的功能升级和地位提升。2017年10月,北外滩功能区管委会成立,主要负责北外滩地区的规划、计划推进和宣传,按照金融、航运双重承载区的功能定位,重点发展金融、航运产业。北外滩着力构建"5＋1＋1"高端航运服务产业功能布局,"5"是指重点发展航运金融、航运保险、航运交易、海事法律和信息咨询五大现代航运服务板块;第一个"1"代表推动国际航运功能性机构与总部经济功能升级;第二个"1"代表打造航运科技创新与5G智慧港新优势。十四五期间,北外滩将对接中国(上海)自由贸易试验区,积极争取创新试点、政策突破和先行先试,进一步提升北外滩航运服务能级,力争成为上海国际航运中心高端航运服务业集聚的核心区。所以,上海国际航运中心建设将大大加快长三角一体化战略的前进步伐,是长三角一体化的重要载体。

作为上海打造国际航运中心的核心区之一,黄浦将航运物流业作为重点发展的六大支柱产业之一。近年来,黄浦积极发展航运经纪、船舶评级等高端航运服务业,加快吸引国内外知名航运物流公司总部和核心管理机构入驻,强化航运物流业头脑决策中心及窗口平台功能,打造门类齐全、资源高效配置的国际航运物流服务供应链,已经成为上海航运物流龙头企业集聚地之一。黄浦区聚集了一批高能级、规模性的全球型航运机构,如排名第一的马士基、排名第三的达飞以及川崎、日本邮船、商船三井、以星轮船等集装箱航运公司,黄浦区也布局了全产业链企业,分别有英国劳氏、美国船级社、德国劳氏、法国必维等世界著名船级社,全球排名前4的船级社黄浦有3家;国际快运企业前4家总部黄浦占有2家,如敦豪(DHL)、TNT。近年来,锦江航运、神海航运等一批国内优秀物流企业落户在黄浦,助力航运物流业的高质量发展。除此,全球航运公司运力50强中有31家在上海设立分公司、办事处或代表处,其中14家在黄浦区,占比高达45%。此外,航运保险方面,黄浦集聚了人保股份上海航运中心等一批航运保险专业机构,引进了上海航运保险协会等一批行业组织入驻,并大力支持协会开展航运保险产品注册制改革、设立上海航运保险指数等一系列创新工作。

航运业目前已成为陆家嘴三大主导产业之一,目前陆家嘴集聚了1 200家航运服务业,同时也集聚了银、证、保等持牌金融机构800余家,上海证券交易所等 10 家国家级交易市场,中国信托登记有限公司,以及中央国债登记结算上海分公司、中国证券登记结算上海分公司等金融基础设施机构,融资租赁、商业保理、股权融资和金融科技等新兴金融企业 5 000 余家。

五、临港新片区建设助推长三角航运功能升级

2018 年,在首届进博会期间,党中央交付给上海三项新的重大任务,即增设上海自贸试验区临港新片区,在上交所设立科创板并试点注册制,实施长三角一体化的发展战略。中国(上海)自由贸易试验区临港新片区位于上海大治河以南、金汇港以东(包括小洋山岛以及浦东国际机场南侧区域),总面积 873 平方公里,由核心承载区、战略协同区两部分组成,核心承载区为临港新片区管委会经济管辖范围,面积为 386 平方公里(包含先行启动区);战略协同区主要指新片区其他范围内的奉贤、浦东、闵行区域,面积约为 456 平方公里。

临港新片区将建设成为长三角区域重要的综合性节点城市,地处长江经济带、海上丝绸之路经济带两大国家战略发展带交汇处。临港新片区势必要承担好、服务好长江三角洲区域一体化发展这一国家战略,助力上海发挥长三角一体化区域发展龙头城市的引领和带头作用。自 2003 年临港启动开发建设以来,始终坚持"五位一体"全面发展,初步建成先进制造业产业基地和综合性节点城市的基本形态(沈家文和任海平,2020)。当前,对照上海2035 总体规划以及上海市委市政府对临港的要求,临港新片区明确"两区""两城"的发展定位,新形势下临港新片区将结合现有的资源禀赋、产业基础和发展优势,主动融入长江三角洲区域一体化国家战略。中国(上海)自由贸易试验区临港新片区建设不仅是《长江三角洲区域一体化发展规划纲要》中提出长三角一体化建设的重要内容,更是上海国际航运中心建设的重要载体。2019 年 8 月 6 日,国务院印发《中国(上海)自由贸易试验区临港新片区总体方案》,提出中国(上海)自由贸易试验区临港新片达到实现投资贸易自由化便利化,显著增强区域创造力和竞争力,以及打造全球高端资源要素

配置的核心功能的建设目标。同时带动长三角新一轮改革开放,定期总结评估新片区在投资管理、贸易监管、金融开放、人才流动、运输管理、风险管控等方面的制度经验,制定推广清单,明确推广范围和监管要求,按程序报批后有序推广实施。加强新片区与海关特殊监管区域、经济技术开发区联动,放大辐射带动效应。依据《上海国际航运中心建设三年行动计划(2018—2020)》,上海国际航运中心建设对促进中国(上海)自由贸易试验区临港新片区发展的作用主要体现在以下三个方面。

其一,临港新片区高标准建设加快了长三角航运业务功能拓展。《中国(上海)自由贸易试验区临港新片区总体方案》提出临港新片区要实施高度开放的国际运输管理,提升拓展全球枢纽港功能,在沿海捎带、国际船舶登记、国际航权开放等方面加强探索,提高对国际航线、货物资源的集聚和配置能力。逐步放开船舶法定检验,确保有效监管、风险可控前提下,对境内制造船舶在"中国洋山港"登记从事国际运输的,视同出口,并给予出口退税。进一步完善启运港退税相关政策,优化监管流程,扩大中资方便旗船沿海捎带政策实施效果,研究在对等原则下允许外籍国际航行船舶开展以洋山港为国际中转港的外贸集装箱沿海捎带业务。《长江三角洲区域一体化发展规划纲要》提出长三角要实行国际运输自由,提升拓展全球枢纽港功能,在沿海捎带、国际船舶登记、国际航权开放等方面加强探索,提高对国际航线、货物资源的集聚和配置能力。进一步完善启运港退税相关政策,优化监管流程,扩大中资方便旗船沿海捎带政策实施效果,研究在对等原则下外籍国际航行船舶开展以洋山港为国际中转港的外贸集装箱沿海捎带业务。推动浦东机场与"一带一路"国家(地区)扩大包括第五航权在内的航权安排,吸引相关国家(地区)航空公司开辟经停航线。可见,临港新片区高标准建设可以有效促进长三角航运功能的拓展。

其二,临港新片区高标准建设提升了长三角高端航运制造水平。临港新片区不断打造航运科技创新高地,通过互联网、物联网、大数据、智能化等新技术应用,实现航运产业转型发展,这与长三角一体化战略要求中国(上海)自由贸易试验区临港新片区提升网络信息服务能力一致。如2018年11月19日,上海发布《上海市临港新片区融入"长三角一体化"行动方案》,提出临港要初步建成全球创新网络枢纽,引领和支撑国家创新发展的核心作用进一步突显,成为具有全球影响力的科技创新高地、长三角一体化发展的重要极核和世界级科学基础研究、科技创新策源地,高端产业发展和智能制造集聚区,融入"长三角一体化"的七大重点领域,包括发展船舶与海洋工程、海洋资源研发利用、工业互联网、通用航空产业、大力发展智能网联汽车、推动智能制造技术应用示范和科普基地建设等七个方面。2019年7月9日,上海市经济和信息化委员会发布《上海市智能制造行动计划(2019—2021年)》,提出打造"一核一带"智能制造产业集群。"一核"是指临港世界级智能制造产业中心,引进和培育一批具备国际竞争力的智能制造装备供应商、系统解决方案供应商,搭建若干个智能制造公共服务平台,树立若干智能制造示范、标杆工厂。"一带"是指由浦东、闵行、嘉定、宝山、松江等区域形成的智能制造近郊产业带。同时强调推动长三角区域协同合作,鼓励支持"三省一市"企业、高校院所组成联合体开展智能制造标准制定,推动国家智能制造标准在"三省一市"先行先试。

其三,临港新片区高标准建设丰富了长三角高端航运服务功能。《中国(上海)自由贸易试验区临港新片区总体方案》提出支持内外资企业和机构开展航运融资、航运保险、航运结算、航材租赁、船舶交易和航运仲裁等服务,探索发展航运指数衍生品业务,提升高端航运服务功能。同时加强与长三角协同创新发展,支持境内外投资者在新片区设立联合创新专项资金,就重大科研项目开展合作,允许相关资金在长三角地区自由使用。支持境内投资者在境外发起的私募基金参与新片区创新型科技企业融资,凡符合条件的可在长三角地区投资,支持新片区优势产业向长三角地区拓展形成产业集群。深入贯彻落实党中央、国务院决策部署,进一步推进上海国际金融中心建设,加大金融支持上海自贸试验区临港新片区建设和长三角一体化发展力度,深化金融供给侧结构性改革,推动金融更高水平开放创新。经国务院同意，中国人民银行、中国银行保险监督管理委员会、中国证券监督管理委员会、国家外汇管理局和上海市人民政府在 2020 年 2 月 14 日发布《关于进一步加快推进上海国际金融中心建设和金融支持长三角一体化发展的意见》，提出鼓励金融机构按照市场化原则为临港新片区内高新技术产业、航运业等重点领域发展提供长期信贷资金，支持区内重大科技创新及研发项目。鼓励金融机构在"展业三原则"基础上，为区内企业开展新型国际贸易提供高效便利金融服务，支持新型国际贸易发展。可见，临港新片区高标准建设可对丰富长三角高端航运服务功能具有显著促进作用。

第五章

长三角一体化背景下上海国际航运中心建设的目标定位与基本路径

长三角一体化旨在把长三角建设成为全国发展强劲活跃增长极、高质量发展样板区、率先基本实现现代化引领区、区域一体化发展示范区、新时代改革开放新高地。长三角一体化背景下上海国际航运中心建设必须准确把握目标定位和基本路径,需要立足上海、服务长三角和服务长江流域、面向全球和面向未来,以打造世界级现代化港口群为载体,着力健全多元化无缝式航运网,着力构建绿色航运发展示范区,着力抢占全球航运资源配置制高点,加快建设具有全球影响力和竞争力的航运枢纽。

第一节 注重互利共赢,打造世界级现代化港口群

中共中央、国务院 2019 年 12 月 1 日颁发的《长江三角洲区域一体化发展规划纲要》中指出:推动港航资源整合,优化港口布局,健全一体化发展机制,增强服务全国的能力,形成合理分工、相互协作的世界级港口群。长三角港口群中,2018 年亿吨港口共有 16 个,分别为宁波舟山港、上海港、苏州港、南通港、南京港、泰州港、连云港港、江阴港、镇江港、芜湖港、杭州港、嘉兴内河港、湖州港、马鞍山港、扬州港、铜陵港。上述港口 2018 年货物吞吐量共完成 43.63 亿吨,占全国港口货物吞吐量的 32.69%。长三角港口群作为

中国五大港口群中实力最强的一位,其在发展上的协同合作早已有深厚历史。随着长三角一体化上升为国家战略,长三角港口群发展面临新机遇,将进入协调发展的新阶段。

长三角一体化发展对上海国际航运中心建设提出了更高的要求。在目标定位上,要着眼长三角港口协调发展和互动发展,以"世界级现代化港口群"建设实现上海国际航运中心高质量发展;在路径选择上,要聚焦区域港口协调发展的关键领域,加快形成优势互补、分工协作、紧密联动的功能布局、物流通道与产业体系。

一、目标定位:世界级现代化港口群

立足上海国际航运中心建设和长三角航运发展实际,共同推进长三角港航一体化发展。加快打造政策共商、功能共建、风险共担、利益共享的长三角世界级现代化港口群。

一是政策共商。以长三角合作办公室和上海组合港管理委员会办公室为依托,建立长三角港口整体发展的联席会议制度,统一协调制定长三角港口发展规划;以上海、南京、宁波—舟山等三个主要港口为支撑,建立长三角区域港口合作平台,形成区域港口协调推进机制、联动运作机制和利益调整机制。

二是功能共建。从政府层面建立一体化、多层次和全方位的国际航运中心港口功能体系。形成优势互补、错位发展的港口枢纽功能、港口物流功能和港口产业功能;从企业层面建立国际航运中心航运供应链功能体系。形成港航企业与货主企业之间、港航企业与其相关的上下游物流服务企业之间、港航企业与港航企业之间的纵向和横向的协同合作关系。

三是风险共担。构建政府、企业和社会多元化主体参与、多种治理模式并存、多个层面合作的国际航运中心港口协调机制。形成以政府、企业和社会组织等不同主体的多元港口合作机制,形成省市、区域、城市等不同层面的多边港口合作机制,形成多主体风险共担和成本共担的区域港口治理机

制,共同推进长三角港口协调发展,助推上海国际航运中心建设。

四是利益共享。推进长三角区域在不同航运领域、不同城市层面构建不同特色的航运联盟组织,实现利益共享。上海与长三角其他港口寻求共同发展最佳契合点和联动合作最大公约数,避免零和博弈,实现互惠互赢和融合发展。

二、基本路径:推进"三位一体"

近年来,以上海港、宁波舟山港两大世界级大港为龙头的长三角港口群发展比较迅速,规模不断扩张,在追求自身发展的同时需要进一步加强合作。长三角地区港口协调发展,既是提升我国物流价值链国际竞争力的必然要求,也是引领长三角世界级城市群建设的重要抓手。实现长三角港航一体化发展,必须形成优势互补、分工协作、紧密联动的功能布局、物流通道与产业体系。具体而言:

优化港口功能布局。整合沿海沿江港口,形成分工合理、协同发展的长三角现代化港口群。上海港应充分发挥沿海与长江的"T"型交汇处的地理区位优势,聚焦发展集装箱业务,重点布局上海国际集装箱水水中转枢纽和海空联运枢纽;宁波舟山港应充分发挥深水良港优势,发展涵盖大宗散货港口功能,重点布局宁波—舟山大宗散货国际中转枢纽、江海联运和海铁联运枢纽;江苏省港口应充分发挥长江航道优势,大力发展近洋运输,成为长江中上游与上海港、宁波舟山港出海口的中转枢纽节点,重点布局南京长江铁水联运和水水中转枢纽、苏州(太仓)远洋集装箱运输喂给港;安徽省芜湖港、马鞍山港、铜陵港、安庆四个沿江港口,充分发挥腹地资源优势,大力发展支线运输,重点布局上海、宁波舟山港等港口的支线港。

构建港口物流通道。以战略性航运功能区平台为载体,立足上海国际航运中心,推动宁波—舟山和南京副中心协同化发展;强化"两纵两横"综合性通道轴的聚合发展,以"一核(上海)、双心(宁波和南京副中心)、四轴(沿海、沿江、甬杭扬和沪芜合通道轴)"为骨架,构建长三角航运整体发展的港口物流空间格局。

协调航运产业体系。上海应利用金融、贸易产业相对集聚，要素齐全的优势，大力推动现代航运服务产业发展，包括航运交易与信息、航运金融与保险、海事法律与仲裁、航运研究与咨询、航运教育与培训等，与上海城市功能融为一体；浙江应充分利用多式联运、港口物流体系优势，大力拓展大宗散货和集装箱供应链服务，同时重点打造外轮供应服务、特色航运交易、船舶融资租赁、海事衍生服务等全面发展的国际海事服务基地；江苏应重点围绕国内和近洋运输市场拓展相关航运服务产业，包括建立长江航运交易市场、国内海事仲裁基地等。

第二节 强化互联互通，健全多元化无缝式航运网

《长江三角洲区域一体化发展规划纲要》中指出，坚持优化提升、适度超前的原则，统筹推进跨区域基础设施建设，形成互联互通、分工合作、管理协同的基础设施体系，增强一体化发展的支撑保障。长三角一体化背景下上海国际航运中心建设，需要强化航运互联互通，形成多元化无缝式航运物流网、信息网和服务网。

一、目标定位：多元化无缝式航运网

以港口为节点，构建航运物流网络。一是构建立体化航运物流网。在长三角一体化发展的新环境下，上海国际航运中心需要借鉴世界著名航运中心如迪拜航运中心的有益经验，不仅仅局限于传统的海上运输，更需要推进立体航运发展，需要发展铁路运输、航空运输、内河运输和公路运输等多种运输方式，打造海陆空立体化的航运通道，提供"一站式"和全方位运输服务。二是构建无缝化航运物流网。在长三角一体化发展的新环境下，上海国际航运中心需要强化水路运输与其他多种运输方式的无缝衔接，以及水路运输与城市交通的无缝衔接。一要进一步完善海上运输与其他运输无缝

衔接的港口集疏运体系,不仅仅局限于传统的公水联运、水水联运模式,更需要推进海铁联运、海空联运的发展,提升航运枢纽功能;二要进一步完善港口集疏运体系与城市内部交通体系的无缝衔接,不仅仅局限于以港口为核心的集疏运系统,更需要注重港口集疏运通道与城市交通之间的协调互通,实现门到门式航运服务,提升航运服务能级;三是构建网络化航运物流网。在长三角一体化发展的新环境下,上海国际航运中心建设不仅仅局限于港口航运本身,而需要拓展到与港口航运相关联的物流服务通道。为此,需要发展以长三角港口为核心的综合运输体系和多式联运通道,发挥长三角主要港口城市对周边地区的不同层面的辐射作用,形成"点""轴""面"有机结合的、与之相匹配的网络状的航运物流服务通道。

以新兴技术为载体,构建航运信息网络。长三角一体化背景下上海国际航运中心应该具备航运信息中心,打破地区、部门、层级的信息壁垒,利用大数据、物联网、云计算等新技术促进航运数据信息的开放共享,率先实现长三角区域内航运政务网的互联互通,逐步构建安全普惠的航运信息网;填补航运企业之间、企业与港口之间的数据交换断层,构建基于公共信息平台的交换通道和数据交换标准,实现航运企业之间"无障碍"办公,通过 EDI 交换产生的物流数据,经由合法途径实施数据共享,可为航运企业提供有效、准确、及时的物流数据服务和单据数据服务,推动航运物流相关企业间的信息交换与共享,打造国际航运物流数据的"基础交换通道"和"共享协作平台",提高航运企业效率、降低企业运营成本。

以航运企业为主体,构建航运服务网络。长三角一体化背景下上海国际航运中心体现为航运服务中心,形成众多港口航运企业所形成的运营网络。港口航运企业利用其经营网络,向其任何可能的客户提供服务。港口航运企业的注册地点虽然选择于上海,但为了能够在长三角其他区域范围内提供港口和航运服务,可以设立子公司、分部,从而形成以企业主体的运营网络。各种港口航运企业相关子公司、分部构成的"公司塔",正是运营网络中的节点。通过这些运营节点,港口航运业在上海国际航运中心与长三角区域之间实现相关的信息、知识、思想、人员和指令的高效流动。

二、基本路径：推进健全"三个网络"

一是健全立体化航运物流网络。首先，完善长江干线航运网络。以上海为核心，沿江主要港口城市为节点，构建以长江黄金水道为主通道的长三角航运干线网络。其次，优化长三角内河航运网络。加快芜申、长湖申、杭甬运河和连申运河等长三角内河航道的升级和改造，实现与国际航运网络之间的无缝对接。再次，畅通长三角多式联运网络。统筹协调长三角城市群对外通道建设，依托沿海、沿江、甬杭扬和沪芜合四个通道轴，打造长三角立体化多式联运通道（江海联运、河海联运、铁水联运、海铁联运和海空联运通道）。

二是健全无缝式航运信息网。首先，强化上海与长三角区域之间的"单一窗口"协作推进，实现跨区域管理。依托长三角各省市国际贸易"单一窗口"，协作推进长三角区域国际贸易"单一窗口"建设，继续完善跨区域申报功能应用；探索推进跨区域物流与监管信息交换，推进上海"单一窗口""通关＋物流"功能向长三角区域扩展；加强区域"单一窗口"建设协作交流，促进通关一体化改革。其次，强化上海与长三角区域之间的港口运营信息对接。沿江码头信息对接和内河码头信息对接。再次，强化港航与相关运输方式之间的信息对接。

三是健全辐射状航运服务网络。首先发挥上海高端航运服务产业引领作用；拓展启运港退税功能，提升上海对长三角区域的航运辐射作用；加强上海国际航运中心与南京区域性航运物流中心、舟山江海联运服务中心的协同合作，促进长三角航运服务互联互通，增强上海国际航运中心对长三角航运的辐射带动作用。其次，发挥上海自贸试验区临港新片区功能制度优势，集聚长三角港航企业研发中心和运营总部入驻上海，构建"研发飞地"和"总部飞地"，提升上海国际航运中心对长三角航运服务的集聚功能。

第三节　发挥引领作用,构建绿色航运发展示范区

推进长三角航运绿色发展,既是践行长三角一体化发展的一个重要举措,也是实施长三角航运一体化发展战略的先手棋和突破口。上海作为长三角一体化的核心城市,需要结合自身在船舶排放控制方面的基础和优势,发挥其在长三角绿色航运发展中的引领作用,在长三角一体化背景下进一步推进上海国际航运中心转型发展和长三角区域绿色发展。

一、目标定位:绿色航运发展示范区

绿色航运一体化发展是长三角一体化发展的重要组成部分,也是上海国际航运中心转型升级发展的重要途径。在绿色航运发展进程中,技术手段是引擎,运营措施是根本,奖惩政策是保障,标准规范是动力。

一是以技术手段推进船舶优化更新。加快船舶推进系统、船型优化设计、船舶发动机等设备研发、船舶废气处理、替代燃料/能源应用(液化天然气、电力、氢气、生物燃料)等。其中,在替代燃料/能源方面,推进液化天然气船舶、混合动力船舶、纯电力船舶的推广和应用,实现节能减排。

二是以运营措施降低船舶燃油消耗。主要运营措施包括船舶减速、智能驾驶、行程规划、船载信息系统、维护优化、港航衔接等。如优化船舶航速可实现较大程度的节能减排。由于燃油消耗总体上与船舶航速的三次方成正比例关系,依托船舶减速/智能驾驶决策支持,降低船舶燃油消耗,使整条航运供应链大幅度实现节能减排。与其他节能减排举措相比,运营措施具有成本低、容易实施以及投资回收期较短等特点,通常具有较高的成本收益率。

三是以奖惩政策实现船舶节能减排。其中,强制性政策体现为:对靠港船舶征收船舶排放税;对靠港船舶使用港口岸电;出台禁用物质清单,在中长期完全禁止对气候具有破坏作用的有害物质使用,如不合规范的船用灭

火剂、制冷剂等。激励性政策体现为：政府对超额完成节能减排的航运企业提供直接或间接补贴，如对通过绿色认证（ESI）船舶提供港务费减免补贴；对航运企业加装船舶尾气脱硫系统提供财政补贴。

四是以标准规范实现节能减排。完善靠港船舶使用岸电标准，降低船舶大气污染物排放；设置长三角温室气体排放和燃料消耗控制的指标体系，如船舶能效设计指数（EEDI）和船舶能效营运指数（EEOI）等。前者旨在船舶设计阶段提高船舶运输量并降低单位运输量 CO_2 排放；后者旨在船舶和停港期间降低各类燃料消耗降低污染物排放。通过上述指数，逐步淘汰不符合标准的内河船舶，促进节能减排。

二、基本路径：着力发挥"五个引领"

在长三角一体化发展背景下，上海国际航运中心需要在节能船舶技术研发、"气化长江"工程、港航供应链协同、绿色船舶检验规范、码头自动化和岸电使用、绿色航运激励机制等领域发挥引领作用，助力长三角率先成为绿色航运发展示范区，引领长三角绿色航运发展。

（一）以内河绿色节能船舶研发为引领，提升长三角绿色航运技术

2017 年 1 月，由七〇二所上海分部船型室实船开发组设计的国内首艘满足内河 EEDI 第三阶段的绿色节能集装箱船进行了首次试航，通过了船舶能效设计指数（EEDI）两个阶段验证，并在经济性、环保性方面都取得了优良成绩。因此，为推动长三角绿色航运发展，上海可依托外高桥造船、沪东中华造船、中船动力研究院、中船瓦锡兰发动机以及泛亚航运、民生轮船等骨干船厂、船研、船东等资源集中优势，对安全、环保、节能的内河绿色船舶及其发动机技术进行重点研究，努力在双燃料主机及其供气系统、微引燃双燃料发动机、选择性催化还原技术（SCR）等方面实现新突破。

（二）以"气化长江"重大工程为引领，提升长三角绿色航运能级

目前我国内河船舶动力以轻柴油、船用柴油、重油为主要燃料，在长三角航运快速发展的同时，大量的废气排放和燃油泄漏给沿江流域造成了严

重污染。由于国际 LNG（液化天然气）市场供应宽松,可通过采取相对清洁的天然气替代劣质燃料,对于长三角区域水污染、空气污染的防治将起到非常重要的促进作用。作为引领"气化长江"工程的重要气源保障,自 2009 年 10 月 11 日"北极精神"轮首靠上海洋山 LNG 码头以来,已先后有六百余艘次 LNG 船安全靠离洋山港。因此,应积极争取"气化长江"联盟总部落户上海临港新片区,加快长三角相关管网设施建设和互联互通,进一步推动"气化长江"重大工程落地。

（三）以港口和航运供应链协同为引领,优化长三角绿色航运运营管理

船舶大气污染物减排和绿色航运发展取决于港口和船公司双方协同。近年来上海港航合作体系逐渐形成,如上海港务集团与中国远洋海运集团形成战略合作关系、与长江沿线港口和航运集团建立长江经济带航运联盟。建议依托现有的港航合作和联盟组织,发挥上海港在长三角港航合作体系中的引领作用,构建长三角港航供应链协同机构,进一步优化长三角航线网络、船舶航速和运输组织,实现船舶空驶里程和船舶能耗最小化。

（四）以内河绿色船舶检验规范为引领,完善长三角绿色航运标准

2016 年,交通运输部提出将限于省、自治区、直辖市内航行的船舶法定检验技术规范下放到省、自治区、直辖市交通运输主管部门制定。为有效治理长三角区域内河航运污染,建议本市对照上海国际航运中心建设目标并结合长三角船舶排放控制区大气污染物排放标准,尽快制定出台本市内河通航水域绿色船舶法定检验技术规范,明确清洁能源等动力船舶和船舶尾气处理装置等技术要求,充分发挥船舶检验技术规范在内河绿色航运发展过程中的源头性和基础性作用,率先建立长三角绿色航运地方性标准。

（五）以码头自动化和岸电使用为引领,打响长三角绿色港口品牌

近年来上海港通过积极实施绿色港口三年行动计划（2015—2017 年）,不仅基本完成了预定目标,还在自动化码头和岸电技术等领域涌现不少亮点,为长江经济带港口的绿色发展起到了示范作用。建议依托上海洋山深水港四期的全球最大自动化码头项目,进一步推动长江自动化码头增速增

效和减排减负;依托上海吴淞国际邮轮港的亚洲首套邮轮岸电系统和目前世界最大变频变压岸电系统,推进长三角沿线码头岸电技术覆盖推广和投入运营;借助国际海事组织授权在上海设立的亚洲海事技术合作中心,将自动化码头建设运营、船舶使用岸电操作规程等绿色港口建设运营规范纳入国际海事组织技术规则。

（六）以建立绿色发展激励机制为引领,完善长三角绿色航运政策

建议充分利用中央和地方相关资金支持政策,为通过船舶绿色认证指数的内河船舶提供直接或间接补贴,以鼓励那些已经实际参与执行减少船舶燃料消耗和温室气体排放的航运企业和相关机构。进一步完善并推广行之有效的节能减排措施,鼓励船舶使用岸电和加装尾气脱硫系统并简化相关补贴申请程序。探索建立绿色发展激励机制,为内河绿色船舶开辟绿色通道,优先安排引航计划、引航员登轮、船舶进出港等。利用部市合作机制与相关部委协调,参考港建、引航等规费征收总额、使用范围等因素,对低于排放标准船舶协同出台港口规费减免政策。

第四节　扩大对外开放,抢占全球航运资源配置制高点

长三角一体化背景下上海国际航运中心应成为全球资源配置的亚太门户,必须立足上海,服务长三角和全国,面向全球,进一步扩大对外开放,更好地参与全球航运竞争,抢占航运资源配置的制高点。

其主要功能体现为全球物流通道的枢纽中心、全球航运产业链的控制中心和全球航运供应链的核心节点。首先,上海国际航运中心以港口区位优势为依托,以港口所形成的现代化、立体化的多式联运体系为基础,构建面向全球的航运物流通道,提升上海国际航运中心航运物流枢纽地位;其次,上海国际航运中心以具有高附加值、高竞争能力的航运高端产业为支柱,以具有高市场需求、高综合效益的航运新兴产业为先导,提升上海国际航运中心航运产业控制能力;再次,上海国际航运中心以航运功能性机构和

航运总部企业为载体,形成辐射全球的航运运营网络和航运供应链体系,提升上海国际航运中心航运供应链核心节点地位。

一、目标定位:全球航运资源配置制高点

当今世界正面临百年未有之大变局,我国经济发展仍然长期处于重要战略机遇期。在全球充满不确定性的环境下,上海国际航运中心需要充分利用国内发展的良好机遇,依托长三角一体化,进一步扩大对外开放,抢占全球航运资源制高点。

一是在全球物流通道中,要成为全球航运网络的门户枢纽。上海国际航运中心以港口和机场优势为依托,以港口、机场所形成的现代化、立体化的多式联运体系为基础,建成以智慧高效的集装箱枢纽港、品质领先的航空枢纽港、国际一流的邮轮母港等为特征的具有全球影响力的国际航运枢纽。构建面向全球的航运物流通道,提升上海国际航运中心航运物流枢纽地位。

二是在全球航运产业体系中,要成为全球航运产业链和价值链的高端环节。依托现有航运功能性机构(波罗的海国际航运公会上海中心、亚洲国际海事技术合作中心等)和培育新兴航运功能性机构,牵头制定国际航运规则体系,成为国际航运规则制定的引领者。在港口管理与技术、船员教育与培训、航运环保与电商领域,上海具有全球优势,可以通过牵头制定上述领域的规则体系而成为上述产业体系的引领者。依托中国(上海)自由贸易试验区临港新片区制度和区位优势,加快新兴技术与航运业的深度融合,大力发展新兴航运产业和高端航运产业,以具有高市场需求、高综合效益的航运新兴产业为先导,以具有高附加值、高竞争能力的航运高端产业为支柱,提升上海国际航运中心在全球航运产业体系中的高端地位。

三是在全球航运供应链中,要成为全球航运供应链网络的核心节点。需要加快引进与培育航运功能机构,提升上海国际航运中心覆盖全球的能级水平,争取国内外航运机构总部(如中国航海学会、中国船舶工业行业协会、中国船舶代理及无船承运人协会、中国航空运输协会等)迁至上海,同时

加快吸引国际知名航运机构如国际船东保赔协会及其分支机构、国际干散货船东协会、国际港口协会等落户上海或在上海设立分支机构。牵头成立亚洲航运功能性机构，利用中国在亚洲区域的地位和上海的优势条件，积极探索牵头设立亚洲航运功能性机构，并落户上海。如亚洲船东互保协会、亚洲中小船东互保协会、亚洲港口协会等。

加快引进和培育航运总部企业，提升上海国际航运中心对全球航运企业的集聚效应。借鉴新加坡鼓励跨国企业设立区域总部的做法，吸引国内大型航运企业集团落户上海。

培育本土航运企业成立总部企业，提升上海国际航运中心的跨国运营能力。鼓励大型国有航运企业通过强强联合、资产重组和资本市场融资等方式做大做强，发挥这些航运企业的引领和示范作用；建立中小航运企业政策性担保体系，引导中小航运企业兼并重组，实现规模化经营；加快上海本土航运机构海外布局，提升本土航运机构的跨国运营能力。通过扶持本土航运企业规模化和全球化经营，培育本土航运企业建立区域性总部或全球性总部。

加快构建国际航运服务平台，提升上海国际航运中心辐射全球的空间效应。需要基于信息交流和要素交易，构建网络化国际化航运平台。一是建设航运信息交流平台。运用大数据、物联网和云计算技术，建设航运电子商务平台、航运电子政务平台和航运信息服务平台；二是建设航运技术创新平台。以加快航运产业发展和结构优化升级为导向，构建航运创新基础条件平台、航运产业公共技术平台、航运科技中介服务平台，促进高端航运产业和新兴航运产业聚集和发展；三是建设航运要素与航运服务移动的物理平台。利用洋山枢纽港优势，提升集装箱江海联运枢纽地位；发挥上海空港优势，拓展海空联运功能，形成海空联运枢纽；强化芦潮港铁路集装箱中心站作用，实现铁路进港，提升海铁联运的比例，形成海铁联运枢纽。

二、基本路径:对接服务"四大战略"

在长三角一体化发展背景下,上海国际航运中心要抢占全球航运资源配置的制高点,对接服务五大国家战略。在对接服务长江经济带和"一带一路"国家战略中更好地利用两个市场两种资源,推动对内对外重大航运功能性平台落地上海,全面强化航运服务业对内集聚和对外辐射能力;在对接服务全球科创中心建设中进一步提升航运产业能级,促进航运绿色低碳发展;在对接自贸试验区建设中进一步发挥上海自贸试验区临港新片区的地理区位优势、差异化政策创新优势和体制机制优势,加快形成国际航运枢纽、高端航运总部集聚区和全球航运供应链中心。

对接服务长江经济带战略。正确处理上海国际航运中心自身发展和协同发展的关系,引领长江经济带航运协调发展。一是发挥上海国际航运中心对长江经济带的要素集聚作用,提升上海航运中转枢纽地位。强化长江沿岸港口与上海港口之间的协作联动,助推上海"一头在内,一头在外"的国内转口贸易发展。二是发挥上海国际航运中心对长江经济带的辐射带动作用,提升上海航运服务枢纽地位。依托长三角一体化协同,促进长江流域其他城市承接上海国际航运中心航运服务功能辐射的同时,发挥对其上游腹地的航运服务辐射作用,从而形成与长江流域产业梯度转移相适应的渐进式航运服务产业链,实现长江全流域航运产业的协调发展。

对接"一带一路"倡议。充分发挥上海国际航运中心区位优势和制度优势,在长三角一体化背景下协同建设"一带一路"桥头堡。一是加强"一带一路"沿线港口合作。借鉴公私合作伙伴(PPP)模式,探索引入政策性资金、社会资金,拓宽港口投融资渠道,加快"一带一路"沿线港口的投资步伐;通过人才培训、人才交流、人力资源共享机制,共同提升合作港口的管理水平;采用统一的信息平台,在大数据基础上实现信息畅通,数据透明,打破信息孤岛,促进全球贸易更安全、高效、便捷;构建港口之间产业链条。港口之间优势互补,提升服务附加值,向制造商、消费者提供全程物流解决方案。二是提升航运供应链协同能力。随着"一带一路"倡议的实施，一批基础设施项目的投资逐渐陆续启动，中国的大型能源企业逐渐投资海外市场，上述基础设施和能源项目将带来巨大的项目物流需求。航运服务是物流服务的一个重要环节，为了有效提供全程物流服务，首先需要航运服务与其相关的上下游物流服务实现一体化；其次需要金融、保险、信息平台、口岸等机构与航运服务商充分整合，实现横向协同；再次需要航运服务企业之间的协同合作，有效保障航运服务企业对外战略投资及所需物资运输。因此，上海国际航运中心建设和发挥"一带一路"倡议桥头堡作用相对接，需要从供应链视角延伸横向和纵向航运服务的能力，发展航运、物流、航运金融、装备制造、航运服务和"互联网＋"相关产业，提升航运协同服务的能力。三是强化高端航运服务的辐射能力。高端航运服务辐射对接"一带一路"，有利于提升上海航运服务在"一带一路"中的品牌效应。促进航运交易、航运金融、航运保险、法律服务、船舶管理、技术检验、航运经纪、信息咨询、科研教育、文化会展等航运服务业大力发展海外业务。同时开展与"一带一路"沿线国家在法律服务、海事人才培养等领域的合作。

对接全球科技创新中心建设。强化上海国际航运中心和上海全球科技创新中心融合发展，强化上海全球科创中心和长三角地区国家自主创新示范区之间的合作互动，着力打造智慧航运和绿色航运。开发高附加值、高技术含量的航运核心技术、前沿技术以及关键共性技术，加快推进新技术与航运领域深度融合。一是推进"互联网＋"技术和航运的深度融合，在现有航运电商、跨境电商等"互联网＋航运"创新业态的基础上，建立港口、航运、货主、代理、口岸部门间的统一服务平台，改革传统码头柜台受理业务体系，方便客户网上受理，降低物流成本和时间，推动港口高效运作；二是推进信息技术与航运的深度融合，通过打造"e卡纵横"集卡服务平台，对集卡和货物运输需求进行配对，有效减少由于信息不对称造成的集卡空驶和货物滞留问题，均衡码头作业强度，提高港口物流效率，环节港口拥堵问题；三是推进低碳技术与航运的深度融合，加快实施船舶排放控制管理，深入推广码头岸电技术，促进长三角区域航运绿色发展；四是推进智能制造与航运的深度融合，推动港口装备制造、船舶制造、海洋工程设备制造等在全球具有一定优势的航运制造和工程产业实现创新性突破。

对接服务自贸试验区建设。以上海自贸试验区临港新片区建设为引领，加强长三角现有自贸试验区的协作联动，促进航运高端发展和升级发展。一是提升拓展全球海空枢纽功能，在沿海捎带、国际船舶登记、启云港退税、国际航权开放等方面实现进一步突破，提高对国际航线、货物资源的集聚和配置能力。二是提升航运服务能级，建设国际航运补给服务体系，提升船舶和航空用品供应、维修、备件、燃料油等综合服务能力。支持内外资企业和机构开展航运融资、航运保险、航运结算、航材租赁、船舶交易和航运仲裁等服务，探索发展航运指数衍生品业务，提升高端航运服务功能。三是以洋山深水港、浦东国际机场与芦潮港铁路集装箱中心站为载体，推动海运、空运、铁路运输信息共享，提高多式联运的运行效率。

第六章

长三角一体化背景下上海国际航运中心建设的对策建议

在长江经济带和长三角一体化发展中,上海国际航运中心的建设需要发挥自身的集聚和辐射效应,加强与长三角城市协同合作,加快同长三角共建辐射全球的航运枢纽,努力成为国内大循环的中心节点和国内国际双循环的战略链接,带动长三角港口群整体竞争力和影响力的提升。在引领长三角航运发展中推进上海国际航运中心建设。面对上海国际航运中心建设的客观现实、长三角航运一体化发展的未来要求,上海应发挥自身在长三角航运发展中的引领作用和制度优势,推进上海国际航运中心升级发展。

第一节 长三角层面

随着上海国际航运中心和长三角一体化进程的不断推进,需要打破行政区划的束缚,实现上海国际航运中心与长三角之间航运产业协调、物流服务协同、政策制度统一和航运功能一体化。

一、形成渐进式航运服务产业链,实现长三角航运产业协调

在长三角产业梯度转移的大背景下,长三角航运产业也会出现相应的梯度转移趋势。上海国际航运中心可依托自身在高端航运服务业方面的比

较优势,发挥在长三角中的航运要素集聚作用和功能辐射作用;长三角其他城市在承接上海国际航运中心的航运服务功能辐射的同时,发挥对其上游腹地的航运服务辐射作用,从而形成点—轴—面有机结合的,与长江流域产业梯度转移相适应的渐进式航运服务产业链,实现长三角航运产业的协调发展。

二、形成立体化网络状的综合交通运输体系,实现长三角物流服务协同

在长三角现代物流业发展的新环境下,上海国际航运中心建设不仅仅局限于长三角水路运输方式,而需要拓展到与水路运输方式相关联的综合运输服务通道。为此,需要发展以长三角港口为核心的综合运输体系和铁水、水水、公水联运通道,发挥上海、宁波—舟山、南京、太仓等主要港口对周边地区不同层面的辐射作用,形成级序分明、信息畅通、功能配套、运转高效、管理规范的港口物流体系,促进长三角港口群的区域分工与合作,形成立体化网络状的长三角综合交通运输体系,实现长三角物流服务的协同发展。

三、共建条块结合、共同参与的航运合作机制,实现长三角制度统一

首先,从国家层面建立联席会议制度,借鉴莱茵河航运中央委员会的管理体制,建立由国家发改委、财政部、交通运输部、海关总署等管理部门参加的长三角港口群统筹协调机制,统筹规划区域港口和临港产业布局,促进港航基础设施共建共享和共同发展;其次,从长三角层面建立区域合作机制,建立由交通运输部牵头(具体由长江航务管理局组织实施)、联合上海组合港管理委员会、交通运输部长江口航道管理局等相关单位,以长三角港口城市为主的航运服务合作平台,制定上海国际航运中心与长三角航运协调发展的各项措施,加快探索长三角地区国际贸易单一窗口"通关＋物流"应用,合作建立跨关区的执法协调机制以及关区、管区和地区"三区联动"的管理

体制,协同推进长三角航运协调发展;再次,从社会层面构建长三角航运组织,在进一步发挥长江经济带航运联盟的协同联动作用的基础上,借鉴欧洲莱茵河和美国密西西比河做法,构建长三角专业化航运协会(如长三角航运协会、长三角航道协会、长三角航运保险协会等),协调推进上海国际航运中心与长三角航运资源高效配置、航运要素有序流动、航运市场深度融合和航运政策互动共享,提升长三角航运服务功能;最后,从企业层面建立长三角航运供应链协同体系。形成港航企业与货主企业之间、港航企业与其相关的上下游物流服务企业之间、港航企业与港航企业之间的纵向和横向的协同合作关系。

四、发挥航运企业的主体作用,推进长三角航运服务功能一体化

在长三角一体化背景下,上海国际航运中心建设必须建立在市场调节下的政府主导的、以企业为主体的运行机制,有效满足长三角众多不同类型和不同区域的航运服务需求。企业是区域合作和国际航运中心建设的主体,要以市场为基础、项目为载体、资本为纽带、组建龙头企业为抓手,积极推进上海企业与长三角企业之间的合作与联合。利用上海国际港务集团、中外运长航集团、中远海运集团等一些大企业,以资本为纽带,通过兼并重组、参股控股长三角港航企业等方式,形成跨区域企业之间利益共享、风险共担的多元运行机制,形成以企业为主体的运营网络,推进长三角航运服务功能互动共享;利用启运港退税、沿海捎带、国际中转集拼、保税船用油供应、国际船舶登记等功能创新举措,推进长三角航运服务功能协同升级;利用长三角港口群干线港、支线港、喂给港三个层面的港口体系建设为引领,积极推进相关企业开展全方位、多形式的经济合作。

五、发挥上海自贸试验区建设的辐射作用,有序推进长三角区港一体化

立足长三角航运一体化发展,发挥中国(上海)自由贸易试验区建设的

辐射作用,拓展区港一体化的空间范围,打造区港一体化升级版。从各个城市内部区港一体化向长三角区港一体化转变。建议分阶段深层次推进长三角区域区港一体化。近期将上海主要港区纳入中国(上海)自由贸易试验区范围,拓展中国(上海)自由贸易试验区与上海港口的一体化范围;中长期推进长三角区域综合保税区和保税港区(如南京综合保税区、张家港保税港区等)与中国(上海)自由贸易试验区联动发展,实现更广范围和更深层次的区港一体化,形成长三角自由贸易港区。

六、打造一批功能支撑平台,推进长三角航运协同运营

一是建立长三角港口与航运国际合作组织,推动成员港口在基础设施共建、国际航线设置、航运价格协调等方面加强互利合作。

二是组建长三角航运交流平台。设立全球或区域性相关国际港口与航运论坛,并将长三角主要城市作为轮值会址,提升长三角航运在"一带一路"中的影响力和辐射力。

三是筹建全球性航运交易平台。依托宁波—舟山港域大宗散货物资中转储运枢纽港的重要地位优势,规划建设国际性大宗商品交易中心。利用中国(上海)自由贸易试验区在金融服务领域的创新和开放举措,推进国际性航运交易平台的建设,如国际航运指数期货市场、远期运费交易市场、运力现货远期交易市场等。

四是打造全球性航运信息服务平台。进一步整合长三角的口岸资源和跨区域物流通关信息网络,合力打造港口、航运、物流、监管部门共建共享、互联互通的全球性航运信息综合服务平台和航运统计指标体系。

第二节　上海层面

在长三角一体化和遵循"创新、协调、绿色、开放、共享"五大发展理念的新背景下,随着上海自贸试验区临港新片区、上海科创中心、上海国际航运

中心建设的不断推进,上海需要发挥自身的特色优势和资源禀赋,提升对长三角区域的辐射和引领作用,实现上海国际航运中心转型升级发展。

一、利用上海科创中心建设,推进上海国际航运中心创新发展

结合上海科技创新中心建设和《中国制造 2025》战略,上海可利用航运科研单位以及骨干船东和船厂的综合资源,对具有高附加值、高技术含量的航运核心技术、前沿技术以及关键共性技术进行重点研究,加快推进互联网、大数据、人工智能与航运领域深度融合,形成交通产业新业态、交通发展新动能和交通要素新供给,打造具有辐射长三角的航运技术研发和智造中心,从而推进上海国际航运中心创新发展。

结合上海自贸试验区建设,推进航运监管制度、航运税收制度和航运金融制度创新,形成航运自由化和便利化的制度体系;推进航运服务功能创新,在沿海捎带、国际船舶登记、国际航权开放等方面加强探索,提高对国际航线、货物资源的集聚和配置能力。通过制度创新和功能创新推进上海国际航运中心创新发展。

二、强化上海特色和优势功能,推进上海国际航运中心协调发展

强化上海的特色和优势功能,有序疏解上海非核心航运功能,实现上海国际航运中心与长三角航运的错位发展,推进上海国际航运中心与长三角航运的协调发展。

一是发挥上海的区域核心作用,加强长三角区域港口协作,进一步完善上海国际航运中心"一体两翼"空间格局,构建长三角现代化港口群。鼓励上海国际港务集团公司等大型港口企业以资本为纽带,进一步优化长三角港航资源布局和合理分工。

二是发挥上海的功能制度优势,提升上海高端航运服务业对长三角的产业引领作用。拓展启运港退税功能,提升上海对长三角区域的航运辐射作用;发挥上海自贸区临港新片区金融改革创新引领作用和金融对外开放

先行先试作用,加快推进金融支持长三角航运一体化发展;加强上海国际航运中心与南京区域性航运物流中心、舟山江海联运服务中心的协同合作,促进长三角交通基础设施互联互通,增强上海国际航运中心对长三角的辐射带动作用。

三是利用上海的航运产业资源禀赋,优化航运产业的空间布局。基于上海国际航运中心,依托上海陆家嘴和北外滩区域,重点布局航运咨询、航运金融、航运仲裁、航运保险、船舶管理、船舶登记等航运高端服务产业集聚区;基于舟山江海联运服务中心,依托沿海通道轴,重点布局港口物流、大宗商品储运、船舶交易、船舶代理、货运代理、船员服务、船舶供应等沿海航运基本服务产业带;基于南京区域性航运物流中心,依托沿江通道轴,重点布局港口物流、港机制造、船舶交易、货运代理等沿江航运基本服务产业带。

四是发挥上海的综合枢纽地位,强化交通体系与长三角的对接作用。利用洋山枢纽港优势,提升集装箱江海联运枢纽地位;发挥上海空港优势,拓展海空联运功能,形成海空联运枢纽;实现铁路进港,提升海铁联运的比例。

五是进一步发挥上海的地理优势,推进"一带一路"与长江经济带的无缝对接。一方面,长三角、东部沿海和东亚地区可以通过上海对接海上丝绸之路;另一方面,东部沿海和东亚地区可以通过上海经由长三角与中欧国际铁路无缝衔接,通过丝绸之路经济带连接中亚、欧洲等地区。

三、依托长三角船舶排放控制区,推进上海国际航运中心绿色发展

依托长三角船舶排放控制区,从船舶低排放、达标排放,向零排放推进,按照国际一流港口标准,加快成为全国绿色港口建设的示范港口。一是在现有基础上实施更为严格的控制要求,即船舶进入船舶排放控制区使用低硫燃油,将低硫燃油的标准从 0.5% m/m 下降到 0.1% m/m;二是率先争取国际海事组织将长三角船舶排放控制区确定为国际船舶排放控制区,从而得到国际航线船舶以及其他国家的认可;三是推进使用船舶岸电技术。加

快形成船舶岸电使用的费用分摊机制,完善船舶岸电使用的利益共享机制,全面推进船舶到港使用岸电;四是对接长三角生态绿色一体化发展示范区的体制创新和制度创新,将航运生态优势转化为港航经济发展优势,实现航运生态与航运发展相互融合、相得益彰,实现绿色航运、可持续发展有机统一,推进上海国际航运中心绿色发展,引领长三角地区航运更高质量一体化发展。

四、利用上海临港新片区建设契机,推进上海国际航运中心开放发展

上海自贸试验区临港新片区要成为集聚海内外人才开展国际创新协同的重要基地、统筹发展在岸业务和离岸业务的重要枢纽、企业走出去发展壮大的重要跳板、更好利用两个市场两种资源的重要通道、参与国际经济治理的重要试验田。到 2025 年,上海临港新片区要建立比较成熟的投资贸易自由化便利化制度体系,打造一批更高开放度的功能型平台,集聚一批世界一流企业,区域创造力和竞争力显著增强,经济实力和经济总量大幅跃升。到 2035 年,建成具有较强国际市场影响力和竞争力的特殊经济功能区,形成更加成熟定型的制度成果,打造全球高端资源要素配置的核心功能,成为中国深度融入经济全球化的重要载体。

上海临港新片区实施根本的制度创新,是深化改革开放的再升级。临港新片区对标国际上公认的竞争力最强的自由贸易园区,更好地服务对外开放总体战略布局。建立以投资贸易自由化为核心的制度体系。在适用自由贸易试验区各项开放创新措施的基础上,临港新片区以投资自由、贸易自由、资金自由、运输自由、人员从业自由等五个"自由"为重点,推进投资贸易自由化便利化。

随着上海临港新片区的建设,一线实行"境内关外",取消或最大程度简化入区货物的贸易管制措施,实现不报关、不完税、转口贸易也不受限制;此外还实施符合国际惯例的金融、外汇、投资和出入境等管理制度,营造"境内

离岸"的环境,很多带有离岸特征的航运产业,如国际融资租赁、国际船舶登记和国际中转等,都将迎来发展机遇。上海临港新片区对于促进上海国际航运中心开放发展具有重要意义。

五、发挥上海航运要素作用,推进上海国际航运中心共享发展

近年来,上海航运业取得长足进步,突出表现在坚持总部与高端引领。上海集聚了航运金融、航运保险、海事服务、科研教育培训、航运信息技术等高端航运要素和上海航运交易所等航运平台,形成北外滩、陆家嘴等高端航运产业集聚区。上海不乏总部级航运企业,中远海运集团总部、上海港务集团皆驻扎于此,上港集团的子公司以及部分外资船务公司,如利胜地中海、太平船务、赫伯罗特、皇家加勒比游轮、诺唯真邮轮总部等都落户上海。上海汇集总部级航运组织,如中国船东协会、中国港口协会、中国船东互保协会等。上海需要充分发挥航运高端和航运总部要素的集聚和辐射作用,引领上海国际航运中心与长三角航运共享发展。一是利用航运高端产业,带动上中下游航运产业一体化发展,加速布局长三角航运服务全产业链;二是利用航运总部企业,推进航运企业跨区域发展,形成以企业为主体、以资本为纽带的长三角航运运营网络;三是利用航运总部组织,推进航运功能辐射和资源集聚,形成沪苏浙皖互动合作、上中下游优势互补的长三角国际航运服务中心;四是利用航运交易平台,推进航运信息互联共享。借鉴莱茵河与密西西比河的经验,打破区域限制,利用上海航运交易所建设长三角信息共享平台,为长三角提供航运综合信息服务,确保长三角航运供应链高效安全运作。推进中国航运数据库、港航大数据实验室建设,建立长三角航运市场监测和风险预警平台示范工程;五是利用航运新兴技术,推进航运产业互联合作。利用大数据、人工智能、移动互联网、云计算等新兴技术,在提升航运供应链效率的同时推动长三角区域航运产业链互联合作。一方面,利用新兴技术助推航运产业互联。如利用区块链技术为长三角航运相关方提供新的合作模式和信任机制,同时为提高长三角航运供应链数据的可视化、可预

测性提供新方案；另一方面，利用新兴技术助推航运物流互联。借助网络平台可以处理海量的航运业务和航运数据，借助物联网可以连接海量的航运船舶与物流设备。

参考文献

[1] Commission Centrale Pour La Navigaiton Du Rhin. Session De Printemps 2012 Resolutions Adoptees [R].Bruxelles,2012.

[2] Central Commission for the Navigation of the Rhine. European Commision[R].Market Observation,2012.

[3] Community of European Shipyards' Association. Annual Report 2010—2011 [R].Brussels,2011.

[4] 杜伟杰,邱靓.全方位推进长三角高质量一体化发展——浙江省推进长三角一体化发展重点领域分析报告[J].浙江经济,2019(15)：40‐43.

[5] Federal Martime Commision.Study of U.S. Inland Containerized Cargo Moving Through Canadian and Mexican Seaports[R]. Washington,2012.

[6] 韩剑. 新发展格局下上海自贸区的定位与担当[J]. 人民论坛,2020,682(27):28‐31.

[7] Industrial Economics Incorpotated. Economic Profile of the Lower Mississippi River Region[R].Cambridge,2004.

[8] 康译之,何丹,高鹏,孙志晶.长三角地区港口腹地范围演化及其影响机制[J].地理研究,2021,40(1)：138‐151.

［9］ Lee Wilkerson，MD Sarder. Sustainable Manufacturing in the US Shipbuilding Industry through Outsourcing［J］.International Journal of Engineering and Industries,2011,2(4):86－96.

［10］陆月星,张仁开.长三角一体化发展的目标定位和路径选择［J］.科学发展,2019(9):58－65.

［11］罗芳.长三角港口群协调发展研究［D］.长春:吉林大学,2012.

［12］茅伯科.全球航运资源配置能力［J］. 水运管理，2010，32(6):5－8.

［13］Mississippi River Regional Planning Commission. 2012—2017 Comprehensive Economic Development Strategy［R］. La Crosse，2012.

［14］沈家文,任海平. 新形势下建设新型临港自贸区的战略思考［J］. 中国经贸导刊，2020，984(20):12－14.

［15］陶相辉,吴小清,隋月红. 欧盟标准化对长三角区域一体化发展的启示［J］.经济研究导刊,2019(34):59－60.

［16］汪传旭,等.上海与长江流域航运服务业联动发展［M］.上海:格致出版社,上海人民出版社,2014:20－68.

［17］汪旭晖. 基于价值网的高端航运服务业发展机理——国际经验及对东北亚国际航运中心建设的启示［J］. 商业经济与管理，2013，1(3):5－14.

［18］王丹,彭颖,柴慧,金佳晨. 上海国际航运中心建设目标评估及未来方向［J］.科学发展，2020,138(5):40－52.

［19］吴向鹏. 高端航运服务业发展机理,模式与启示［J］. 港口经济，2010(3):24－27.

［20］邢厚媛. 中国(上海)自由贸易试验区与中国香港,新加坡自由港政策比较及借鉴研究［J］. 科学发展，2014(9):5－17.

［21］U.S. Army Corps of Engineers the Institute for Water Resources. Waterborne Commerce of the United States［R］. Alexandria,2011.

［22］U.S. Census Bureau. Statistical Abstract of the United States［R］.

Washington，2012.

［23］U.S. Department of Transportation，Maritime Administration. U.S. Water Transportation Statistical Snapshot［R］.Washington，2011.

［24］徐维祥，许言庆. 我国沿海港口综合实力评价与主要港口腹地空间的演变［J］. 经济地理，2018，38(5):26 - 35.

［25］周翔，张雁. 上海国际航运中心货运集疏运体系发展的关键问题研究［J］. 上海城市规划，2012(2):52 - 56.

索引